El niño de 13 y 14 años

PAIDOS EDUCADOR

Biblioteca fundada por Gilda L. de Romero Brest
y Jaime Bernstein

Ultimos títulos publicados:

52. J. Piaget - *El lenguaje y el pensamiento del niño pequeño*
53. W. D. Wall y otros - *El fracaso escolar*
54. E. Fry - *Técnica de la lectura veloz*
55. W. J. Popham y E. L. Baker - *Planeamiento de la enseñanza*
56. A. Freud - *Introducción al psicoanálisis para educadores*
57. A. Aberastury y M. Knobel - *La adolescencia normal*
58. V. S. Gerlach y D. P. Ely - *Tecnología didáctica*
59. F. Redl y D. Wineman - *Niños que odian*
60. J. Alvin - *Musicoterapia*
61. E. M. Churchill - *Los descubrimientos de Piaget y el maestro*
62. I. B. Weiner y D. Elkind - *Desarrollo normal y anormal del niño pequeño*
63. G. Bossuet - *La computadora en la escuela*
64. B. Osman - *Nadie con quien jugar*
65. J. W. Apps - *Problemas de la educación permanente*
66. D. V. Lippincott - *La enseñanza y el aprendizaje en la escuela primaria*
67. C. G. Jung - *Psicología y educación*
68. G. Myers Blair y R. Stewart Jones - *Cómo es el adolescente y cómo educarlo*
69. R. C. Orem - *El método Montessori de educación diferencial*
70. F. Elkin - *El niño y la sociedad*
71. G. E. T. Holloway - *Concepción de la geometría en el niño según Piaget*
72. J. E. W. Wallin y otros - *El niño deficiente físico, mental y emocional*
73. R. C. Orem - *La teoría y el método Montessori en la actualidad*
74. A. T. Jersild - *La personalidad del maestro*
75. C. B. Chadwick - *Tecnología educacional para el docente*
76. R. M. W. Travers - *Introducción a la investigación educacional*
77. J. Bruner - *La importancia de la educación*
78. M. Selvini Palazzoli - *El mago sin magia*
79. M. Ramsey - *El jardín de infantes*
80. J. Held - *Los niños y la literatura fantástica*
81. M. Meenes - *Cómo estudiar para aprender*
82. J. B. Araujo y Cl. B. Chadwick - *Tecnología educacional. Teorías de instrucción*
83. M. H. Solari - *Historia de la educación argentina*
84. L. E. Acosta Hoyos - *Guía práctica para la investigación y redacción de informes*
85. J. S. Bruner y otros - *Aprendizaje escolar y evaluación*
86. L. Grey - *Disciplina sin tiranía*
87. M. C. Wittrock - *La investigación de la enseñanza, I - Enfoques, teorías y métodos*
88. M. C. Wittrock - *La investigación de la enseñanza, II - Métodos cualitativos y de observación*
89. M. C. Wittrock - *La investigación de la enseñanza, III - Profesores y alumnos*
90. P. Vayer y Ch. Roncin - *El niño y el grupo*
91. M.A.S. Pulaski - *El desarrollo de la mente infantil según Piaget*
92. C. Coll - *Aprendizaje escolar y construcción del conocimiento*

Arnold Gesell

*Del Instituto Gesell de Desarrollo Infantil
y de la Clínica de Desarrollo Infantil de Yale*

El niño de 13 y 14 años

Colaboradores:
Frances L. Ilg
Louise Bates Ames

Supervisión:
Telma Reca

Compilador:
Jaime Bernstein

ediciones
PAIDOS
Barcelona
Buenos Aires
México

Título original: *Youth, the years from ten to sixteen*
(capítulos 13 y 14)

Publicado en inglés por Harper & Brothers, Nueva York

Traducción de Eduardo Loedel

Cubierta de Julio Vivas

1.ª reimpresión en España, 1983
2.ª reimpresión en España, 1990

ISBN: 84-7509-244-6
Depósito legal: B-21.087/1990

Impreso en Ingraf, S. A.,
Badajoz, 145 - 08018 Barcelona

Impreso en España - Printed in Spain

ÍNDICE DE CAPÍTULOS

CAPÍTULO I

EL NIÑO DE TRECE AÑOS

PERFIL DE MADUREZ

CADA año trae consigo un incremento de la madurez. El correspondiente a los trece años es bastante complejo porque la adolescencia se halla ya bien iniciada y comienzan a emerger múltiples y nuevas facetas de la conducta. Algunas se vuelven manifiestas, pero otras permanecen en la oscuridad, porque Trece (durante el curso de un año) no siempre se muestra abierto y comunicativo. En el hogar suele vérselo callado, dedicado a pensar y soñar. En la escuela se observan otros aspectos completamente diferentes de su conducta. Responde con interés intenso a las asignaturas y los estudios escolares. Demuestra gran capacidad para adquirir conocimientos por medio de la lectura, la audición y la visión.

Pese a algunos altibajos de su humor, es capaz de adaptarse y digno de confianza. Puede demostrar, incluso, una sorprendente habilidad y espíritu de protección para ayudar a cuidar a un hermanito en edad preescolar. Tiene un fuerte sentido del deber. A veces hasta parece demasiado escrupuloso. Así, lo acosan una cantidad de preocupaciones privadas. Suele hacer críticas minuciosas de sus padres. Éstos, a su vez, se quedan perplejos y desconcertados por su reiterada tendencia a retraerse del círculo familiar. Quizá los padres se preocupen innecesariamente, temiendo que el niño se aleje de ellos. Muchos de los males de la adolescencia suelen ser síntomas perfectamente normales del proceso evolutivo y conducen al niño a un mayor conocimiento de sí mismo. Quizá no haya ninguna razón para afligirse, incluso por aquel articulado niño de trece años que dijo: "Casi siempre me estoy afligiendo por el temor de que la gente no me quiera. Supongo que a todos nos pasa lo mismo. Me aflige saber que me voy a afligir. Me aflige tener que dejar de afligirme."

Nosotros no debemos pedirle que deje de preocuparse en absoluto, pues esta aflicción benigna es más que la expresión de una *percatación interiorizante* que constituye un rasgo cardinal de madurez a esta temprana etapa del desarrollo adolescente. Pero este proceso de interiorización no se agota en sí mismo, sino que mantiene *contacto* con el mundo *exterior*. Así, se halla vinculado y entrelazado con una *percatación exteriorizante*. La interacción de estos dos tipos de percatación constituye la clave fundamental de la psicología de los trece años.

Esta percatación ambivalente constituye un verdadero método de crecimiento. Ella suministra el mecanismo necesario para asimilar la rica diversidad de nuevas experiencias que se agolpan actualmente en la vida interior del adolescente en crecimiento. ¡Tantas cosas suceden por primera vez! Pero los sucesos y "experiencias" exteriores no siempre imprimen automáticamente sus efectos. Muchos deben ser triturados y desmenuzados finamente antes de poder ser incorporados a los tejidos de la personalidad.

En consecuencia, el niño de trece años se retrae de tanto en tanto sobre sí mismo. En estos breves intervalos de ensimismamiento recapacita sobre sus sentimientos íntimos, sus tensiones y actitudes. No se trata de una evasión enfermiza de la realidad, sino más bien de una forma experimental de juego psíquico. Los movimientos de la mente requieren una ejercitación exploratoria tan frecuente como los movimientos musculares del cuerpo con los cuales se hallan relacionados. Este tipo de interiorización representa una función positiva, constructiva. Ella nos ayuda a interpretar algunas de las aparentes extravagancias de la conducta adolescente inicial.

Un niño de trece años puede sumarse al grupo familiar para contemplar un programa vespertino de televisión. El espectáculo le interesa, pero en medio del programa su rostro adquiere repentinamente una expresión grave y ausente. Entonces se levanta sin ceremonias y, sin decir una sola palabra, se marcha a su habitación para meditar, para rumiar sus pensamientos. No es posible penetrar en su mundo de sueños, pero éstos no son interminables; además, por propia iniciativa y responsabilidad no tarda en lanzarse a un asalto concentrado sobre sus deberes. En cierto modo, tanto le preocupan los asuntos internos como los externos.

Esta conducta no significa que el adolescente trate de retraerse de la realidad, sino, por el contrario, que hurga más hondo en ella, revolviéndolo todo en su pensamiento. Esta conducta interiorizante es un serio problema para él. Si tratara de escapar de la realidad, tendería más a los modos de conducta evasivos y distraídos, o bien a la franca oposición. En su lugar, a veces parece buscar la soledad, no por la soledad misma, sino para procurarse ciertas satisfacciones íntimas que le resultaría difícil expresar con palabras. El niño aclara y organiza sus experiencias mediante ensayos interiores y exámenes de sí mismo.

Sus reflexiones son polifacéticas. Implican elecciones, deseos, ideas, ambiciones, y pueden conducir a decisiones provisorias y potenciales en la esfera de la conducta moral. Estas meditaciones distan de ser ociosas, pues representan el esfuerzo del adolescente para alcanzar un yo más maduro. Gracias al esfuerzo reflexivo voluntario, descubre que no se halla completamente a merced de las emociones instintivas. Su interiorización conduce a un auténtico pensar, y éste crea, a su vez, cierta cosa que el niño denomina correctamente fuerza de voluntad. Es un rasgo característico de los trece años que el niño tenga conciencia de una creciente "fuerza de voluntad".

De este modo, la conducta interiorizante adopta formas muy diferentes. Claro está que varía con el temperamento y las aptitudes de los distintos individuos. Puede darse en breves episodios o de una sola vez durante un largo paseo solitario. Un adolescente de talento puede, a esta edad, dedicar largos períodos de reflexión a los sectores especiales de su interés.

Algunos niños son más taciturnos que otros. Pero la actividad mental interiorizante puede considerarse una manifestación normal del desarrollo, a menos que haya llegado a ciertos extremos de frecuencias y contenido. En realidad, la conducta interiorizante merece cierto respeto que no siempre recibe. Cuando un adolescente se halla ensimismado en sus pensamientos, puede parecernos hosco y sombrío sin estar realmente de mal humor o insociable. Nuestras interpretaciones erróneas de sus actitudes pueden resultar, así, sumamente injustas.

Un niño típico de doce años es alegre. Trece es reflexivo. Esta diferencia climática se pone de relieve en la entrevista evolutiva. Al igual que Doce, Trece generalmente se muestra cooperativo, pero no tan espontáneo en su expansividad y curiosidad. Ahora hay menos conversación, menos simpatía. Su voz es más baja y el niño a veces responde simplemente con un encogimiento de hombros; a esta edad se sienta con relativa compostura, limitándose los movimientos nerviosos prácticamente a las manos. El examinador debe formular las preguntas cuidadosamente. Las contestaciones son más lentas, breves y apagadas. Las vacilaciones parecen obedecer a cierto afán de autoprotegerse y de encontrar las palabras justas; en efecto, si se lo compara con Doce, Trece tiene mucha más precisión, y casi podría decirse que es un crítico de su propio desempeño y también del de los demás.

Su elección de las palabras sugiere un mayor grado de madurez. Utiliza expresiones de este tipo: "para decirlo lisa y llanamente", "rara vez", "armonioso", "consciente", "a mi juicio", etc. Y en algunas ocasiones nos asombra utilizando el término ¡"psicología"! Todo esto es sintomático de una inteligencia en crecimiento. El niño encuentra un nuevo placer en el pensamiento racional, en la formulación de proposiciones y en el planteamiento de dudas. Es capaz de pensar en función de la necesidad, la probabilidad y las condiciones hipotéticas. Comienza a ser consciente de que la facultad de razonamiento es una operación de la mente cuyo control posee.

Trece comienza a aplicar estas facultades nacientes a su vida emocional a través de la autoestima y la estima de sus allegados, jóvenes y adultos. Es consciente también de sus cambios de humor y trata de esclarecerlos con la luz del pensamiento. Así, puede expresar fastidio consigo mismo: "No quisiera sentir lo que siento", "Oh, últimamente me he portado muy mal con todo el mundo". Se sirve de las palabras para poner sus sentimientos bajo un mejor control y para levantar una fuerte valla contra los temores que le asaltan. Rara vez llora de rabia; da salida a la ira por medio de palabras más que de la violencia física. Cada vez revela una mayor capacidad para experimentar tristeza. Sus cambios de humor frecuentemente son de tono menor. Trece puede ser tímido con los extraños. Es susceptible. Ocasionalmente se protege retirándose tanto física como mentalmente del foco de irritación. En otras ocasiones puede adoptar una actitud desagradable, antagónica, verbalizada a manera de desafío, como si quisiera defender su propio yo, poniéndose en guardia contra el padre.

Trece es sumamente sensible a las críticas y percibe agudamente los estados emocionales de las demás personas. Demuestra una nueva habilidad para leer la expresión facial de la gente y también para imitar y personificar a otros por medio de la mímica, a veces con cierto sentido del humor. En un tipo de juego más serio, le complace medir su ingenio con el de los adultos cooperativos, luchando por medio de golpes y contragolpes verbales. Todo esto indica que su vida emocional se desarrolla en íntima relación con su inteligencia y su conducta social. Todo el vasto terreno de las relaciones interpersonales se halla sujeto a los mecanismos articuladores básicos de la percatación interiorizante y la exteriorizante.

La conducta interpersonal sufre las pruebas primeras y más rigurosas en el hogar. Los hermanos siguen siendo todavía una fuente de problemas, particularmente si se hallan comprendidos entre los seis y los once años. Pero las dificultades son menos constantes que en épocas anteriores y tienden a desarrollarse más en un plano verbal que físico. Los hermanitos de menos de seis años despiertan el interés y el cariño de Trece, que los cuida con un bondadoso espíritu de protección. Las hermanas y hermanos mayores suelen ser mirados con admiración y respeto, pudiendo convertirse en confidentes del niño. Una niña declaró lo siguiente: "Bueno, Miriam [la hermana mayor] me resulta muy conveniente. Le puedo contar mis cosas y ella me comprende. Pero me parece como si tuviera algo contra ella. Se me ocurre que es simplemente porque es mi hermana mayor." Un varón de trece años, refiriéndose a una hermanita menor, dijo: "No nos llevamos del todo bien. Yo no sé cuál es la causa. Me fastidia todo el día y se mete en mis cosas. Mis padres creen que nos podríamos llevar mejor. Pero con la más chica no hay ningún problema. Me gusta cuidarla y la prefiero a la otra." Otro varón se refirió a las presiones de la familia en general: "Tratan de corregirme en todo: el carácter y el sentido común, y que no soy responsable y que discuto."

A esta edad, varones y niñas, por igual, suelen eludir las relaciones confidenciales íntimas con sus padres. Con algún embarazo, un varón se atreve a insinuar que no le gusta que su padre le pase el brazo por los hombros. El sentido crítico de las niñas suele aguzarse con respecto a la madre, "por su propio bien". La crítica es a veces sumamente minuciosa, recogiendo los más ínfimos detalles y abarcando desde la ropa, las alhajas, el peinado y el uso de los cosméticos ¡hasta su conducta y modales! La búsqueda de defectos se halla decididamente en un nivel de madurez superior al de los once años, pues se relaciona con los problemas que la propia hija trata de resolver. Ya comienza a dejar de discutir por mero placer. En los interludios de mayor tranquilidad procura iniciar un análisis reposado de los distintos problemas discutidos. Con el aumento de las facultades de raciocinio, los debates serenos adquieren una importante función. A veces la niña puede anhelar secretamente poder hablar con más calma, manteniéndose a la espera de una ocasión favorable.

Como era de esperar, Trece tiende a mostrar un mayor espíritu de discriminación que a los doce años en su estima y aceptación de los compañeros. Ahora tiene menos amigos y tiende más a jugar solo o con algún amigo escogido. De igual modo, también las niñas tienen menos amigas. Pueden experimentar, incluso, menos interés por los varones que un año antes. En los varones se observa idéntica tendencia. He aquí algunos comentarios ilustrativos: "Las chicas no me interesan demasiado. No me disgustan, pero tampoco me preocupan gran cosa. En los *exploradores* hacemos algunos bailes, y eso es todo." "En mi opinión, las chicas pueden ser o no exactamente como *les* plazca. La mayoría de mis amigos piensan como yo. No las encuentro repulsivas: simplemente no me importan." Estas firmes declaraciones de neutralidad anticipan el surgimiento de los amoríos incipientes de los años inmediatamente próximos. Son relativamente pocos los que ya a los trece años salen con chicas.

En la pista de baile se observan ya algunos síntomas de un cambio más o menos inminente. Muchos varones han alcanzado a las niñas en desarrollo físico y su actitud ya no es tan ruda y angulosa. Algunas niñas expresan, sin embargo, que no soportan a los varones de su misma edad, porque ellos se comportan con demasiada torpeza.

No obstante, los varones no son en absoluto negligentes en lo que atañe a su aspecto personal. Si los espejos tuvieran medidores, comprobaríamos que los varones se sirven de ellos tanto como las niñas para verificar su aspecto físico. Trece se pasa largo rato estudiando la imagen reflejada y comparándola con las imágenes que de sí se ha formado. Por medio del espéjo verifica experimentalmente ciertas posibilidades de mejorar la indumentaria, el peinado, la actitud postural y las expresiones faciales. Trece quisiera saber cómo impresiona a la gente. De este modo, establece una suerte de situación interpersonal solitaria que permite hacer entrar en juego los dos mecanismos de la percatación interiorizante y la exteriorizante. El espejo se convierte así en un instrumento evolutivo que facilita el descubrimiento de la propia personalidad y la confianza en sí mismo. Pero, ¡ay!, también despierta tremendas preocupaciones cuando la imagen reflejada resulta demasiado decepcionante al inmaturo espectador. Pero aun así, desempeña un papel constructivo en la definición de un yo de tipo realista. A medida que el individuo crece, debe aprender a vivir consigo mismo y con las cambiantes imágenes de sí mismo.

La pantalla del cine y la de la televisión constituyen, por así decirlo, un espejo de la naturaleza. En ella el niño ve una sugestiva significación para su yo en desarrollo. Estas imágenes configuran impresiones de lo que le gustaría ser o de lo que preferiría no ser. También cuando lee obras literarias, revistas e historietas, se identifica, consciente o inconscientemente, con los personajes de las mismas.

Pero es en la escuela y en la calle donde su sentido del yo experimenta el poderoso impacto del grupo, de la "barra", del equipo y del club. Allí encuentra las imágenes de carne y hueso de sus coetáneos. Trece está en la gloria sintiéndose uno de ellos. Así, tiende a satisfacer las exigencias de sus camaradas, adoptando sus mismos hábitos, pero es consciente de que la decisión de su aceptación o rechazo le está reservada. Como miembro del grado escolar, guarda cierta medida de independencia y resistencia ante los maestros y directores autoritarios. Trece experimenta un resplandor de expansiva madurez cuando advierte la conducta infantil de sus vecinos cronológicos —los niños de doce— persiguiéndose por los corredores: "¡Chiquilines!"

Al niño corriente de trece años le gusta la escuela, la buena escuela, con una disciplina correcta y eficaz. Aprecia a las maestras que hacen hincapié en el conocimiento concreto y conceden cierto margen a las discusiones informales con participación de los alumnos. Trece tiene una prodigiosa capacidad para asimilar conocimientos. Cuando se le despierta el interés por algo, se lanza de lleno en las tareas escolares y en los proyectos especiales que ha contribuido a elaborar. Sus intereses se distribuyen en una amplia gama que abarca desde las ciencias hasta las artes. Tiene hambre de hechos.

En esta época comienzan a declararse intensamente las diferencias individuales. Un número contado de niñas funda "un pequeño club literario" como actividad extraescolar. Independientemente, otra niña puede hacer una carpeta con los personajes favoritos de las historietas cómicas del *New Yorker*, dando un paso adelante con respecto a las tiras cómicas menos depuradas. Los varones (y niñas) de talento pueden comenzar a ensayar distintas experiencias relacionadas con los *hobbies* estimulados por el trabajo escolar.

En ninguna parte Trece se encuentra más a gusto que en medio de un grado entusiasta, en una escuela bien organizada. Estos grupos encierran un gran potencial de inquietud y capacidad de atención sostenida. Existe una indudable disposición para aprender, además del deseo de ejercitar la independencia del pensamiento. No es extraño que las maestras encuentren una profunda satisfacción al tratar de llenar las exigencias de sus dinámicos alumnos del octavo grado.

No es fácil resumir el significado evolutivo de los trece años en una fórmula simple. Es éste un año de complejas transiciones que abarcan, en forma simultánea, cuerpo, mente y personalidad. A menudo éstas se producen sin aviso o conocimiento previos. El adolescente debe salirles al encuentro lo mejor que puede sin contar para ello con ayuda alguna de la cultura que lo rodea.

Las modificaciones en la conformación y la química corporales inciden sobre la postura, la coordinación, el aspecto, la voz, la expresión facial y las actitudes y tensiones interiores. Cada sexo, cada individuo, presenta problemas evolutivos singulares, provenientes de la peculiaridad de su organismo y de su fisiología. Los cambios corporales intensifican la conciencia del crecimiento. El adolescente se forma una imagen física de sí mismo, preguntándose siempre la impresión que causa a los demás. Al cambiar las condiciones corporales, cambian sus estados de ánimo, fluctuando entre la secreta desesperación y la optimista aceptación de sí mismo. El niño debe asimilar estos hechos somáticos que ejercen un imperio profundo en él. Al mismo tiempo, se halla acosado por innumerables exigencias interpersonales provenientes de padre, madre, hermanos, hermanas, compañeros y maestras. Además, los derechos del hogar, de la escuela y de los compañeros a menudo resultan incompatibles entre sí. Ello viene a agravar aún más la confusión.

En medio de todas estas presiones, Trece preserva la identidad de su yo, alcanzando cierto grado de independencia. Y resuelve su problema evolutivo mediante una mayor conciencia de sí mismo y del mundo en que vive. Su sensibilidad y sus características interiorizantes son otros tantos síntomas de un sentido del yo más profundizado y en expansión. Es mucho lo que ha adelantado ya desde la relativa displicencia de los diez años. A los trece pasa por una etapa de transiciones decisivas y necesita más que nunca la comprensión y simpatía de los demás.

RASGOS DE MADUREZ

1. Sistema de acción total

El cambio que ocurre entre los doce y los trece años puede ser muy grande. A los trece parece producirse una movilización y oganización interior de las fuerzas. El niño tiende a conjugar las distintas cosas, a interiorizarse, a pensar en lo que lo rodea. Este estrechamiento, esta comprensión, produce una considerable cantidad de energías, pero la forma en que ésta se consume depende del éxito de la organización.

Trece casi parece saber que en lo sucesivo necesitará valerse de un espíritu más selectivo, que deberá concentrarse y desechar lo que no sirve para alcanzar un desarrollo más pleno. Cuando el niño se retira a su habitación con este fin, muchos padres se afligen, sintiéndose heridos por su conducta y el convencimiento de que los deja de lado. Y aún resulta más arduo aceptar este cambio en el carácter de Trece si éste, por ejemplo, prodiga tiempo y atenciones a un amigo por teléfono. A menudo lo mejor que pueden hacer los padres es tratar de condicionar su conducta a la de Trece, no sólo permitiéndole apartarse de ellos, sino también tomando la iniciativa, esto es, dejándolo solo o, por lo menos, apartándose de su camino, aunque siempre pronto a ayudarlo.

Si bien Trece parece más tranquilo y ensimismado que en épocas anteriores, puede mostrarse sumamente activo en sus pensamientos, almacenando ideas y energía que habrá de consumir en fecha posterior. La lectura voraz constituye un método de satisfacer este apremio interior. Otro medio consiste en gastar constantemente esta flamante energía en empresas privadas. Como dijo un varón, "lo único que no me gusta hacer es no hacer nada". Este mismo niño conoció su propio cambio de los doce a los trece, al agregar: "me acuerdo que el año pasado me sentaba en cualquier parte hasta aburrirme. Este año tengo demasiado que hacer'.

Esta actividad de Trece puede llegar a tales extremos que a veces el tiempo no le alcanza ni siquiera para hacer las cosas que le gustan, y mucho menos para las que no le gustan, como por ejemplo, los quehaceres domésticos.

Pero su energía, en cambio, casi no tiene límites. Un padre nos dice: "No hay proeza física que no se anime a intentar"; y otro: "Es incansable, siempre quiere desarrollar alguna actividad". Esto no vale en modo alguno para todos los niños de trece años; muchos ya están cerca de los catorce aun antes de que se produzca esta etapa. Pero cuando Trece se moviliza y concentra sus esfuerzos de manera orgánica, especialmente sobre un tema capaz de estimular sus sentimientos, es asombroso verlo en acción. La muerte de un ratón protegido por el niño puede provocar una serie de actividades capaces de ocupar una tarde entera. Así, Trece diseña y construye un pequeño y bonito ataúd, compone un epitafio o un poema para dedicarle al ratón en su morada postrera y, finalmente, lo entierra. Y el deceso del ratón podría haberse producido, especialmente, por las excesivas solicitudes de Trece para con él. (Sally Benson, en *Junior Miss*, hace una fiel descripción de un episodio similar.)

En la entrevista se pone en evidencia el lado equilibrado y retraído de Trece. Por lo general se muestra amistoso pero poco espontáneo y comunicativo. Permanece tranquilo en su asiento, moviéndose apenas. A menudo habla en voz tan baja que es difícil oírle y además se expresa con mayor lentitud que antes. Suele contestar con un encogimiento de hombros. Antes de responder piensa mucho lo que va a decir y hasta puede morderse los labios mientras reflexiona. Sus contestaciones son sinceras y honestas, pero no cuenta sus secretos. Por momentos cobra un aspecto triste y grave, pero a medida que se despierta su interés, comienza a entusiasmarse. A veces puede reír abiertamente. En su tentativa de elegir, discriminar y definir, parece retraerse de todo lo exterior.

Salud

En general, la salud de Trece sigue mejorando. Actualmente la fatiga es menos marcada que en los dos años anteriores. Un contado número de niños puede quejarse todavía de dolores de estómago o de pecho. Algunos muestran una particular sensibilidad de la piel a la lana, que se manifiesta en un sarpullido sobre la superficie interna de los brazos. Los dolores de cabeza son menos frecuentes y guardan una relación más definida con una causa específica, presentándose después de un esfuerzo físico o antes de la menstruación. La elevación de la temperatura a 39,5° ó 40°C que puede observarse sin ninguna causa patológica aparente, suele obedecer a una actividad mental de intensidad insólita.

Válvulas de escape

A los trece años se observa una reducción de las válvulas de escape. Algunos todavía siguen comiéndose las uñas, llevándose las manos a la cara o rascándose la cabeza. Otros experimentan pequeños tics nerviosos y contracciones que pueden disminuir tomando vitamina B. El carácter seco y escamoso de la piel y el cuero cabelludo pueden corregirse con vitamina B.

Visión

Cerca de la tercera parte de los niños de trece años que tuvimos oportunidad de examinar se quejó de síntomas, específicos o no, relativos a la vista. Más o menos la mitad de éstos se relacionaban con la lectura, dándose en el caso de aquellos niños que leían en exceso. Los síntomas variaban de un individuo a otro; unos se quejaban de fatiga durante la lectura, otros del movimiento y pérdida de nitidez de las letras, otros de dolores de cabeza después del cine o de ver un programa de televisión o, finalmente, mareos al viajar en automóvil. Sin embargo, eran muy pocos los niños que atribuían a su mecanismo visual el origen de estas dolencias.

Durante el examen visual Trece se sienta reposadamente y hace muy pocas preguntas sobre el procedimiento seguido, el estado de sus ojos o la forma en que se desempeña. Sin embargo, ya está en edad de considerar su visión y el cuidado de sus ojos con mayor madurez. En caso de ser necesario no se opondrá a usar anteojos. Puede dar buenas razones por las cuales preferiría no hacerlo, pero es capaz de aceptar las ventajas de usarlos para las tareas a corta distancia —leer y estudiar— aunque los considere una molestia. Aquellos niños que los usan permanentemente pueden aborrecerlos cuando tienen que ir a alguna reunión social, pero saben que en caso de no llevarlos podrían sentirse inseguros de sí mismos. Hacia los catorce años, especialmente las niñas, experimentan un impulso a liberarse de los anteojos, procurando en lo sucesivo afirmar esta liberación. Por entonces se hallarán más dispuestos a aceptar un programa de corrección visual, cooperando con el oculista.

Trece, en su proceso interiorizante, reduce su hipermetropía funcional. De proseguir, esta tendencia puede acarrear una miopía; pero por fortuna Catorce invierte la tendencia, aumentando ligeramente la hipermetropía. Aquellos niños que no presentaban ningún indicio de hipermetropía a los once años se hallan en franco peligro de contraer una miopía. Y aquellos que ya son miopes tienden a presentar una intensificación en este mismo sentido. Si Trece es algo hipermétrope y le resulta difícil localizar de un punto próximo a otro lejano a través de los lentes para leer, podría adoptar los lentes bifocales, de modo tal que en la escuela pudiera pasar rápidamente del plano cercano de su pupitre al más distante del pizarrón.

Trece revela una mayor fuerza para focalizar que a los once y los doce años. Aunque puede fijar la vista más allá del punto de prueba, los resultados visuales indican un mejor funcionamiento conjunto de sus dos ojos. La mayoría de los niños, salvo los miopes, presentan una buena movilidad ocular cuando siguen el movimiento del punto de referencia, acción que ejecutan con un alto grado de precisión y facilidad.

Crecimiento físico y conciencia sexual. Niñas

El do los trece años es un período de continua maduración para la mayoría de las niñas. Peso y estatura siguen aumentando, aunque con un ritmo más lento. Se observa en gran número de niñas un rellenamiento general de las partes deprimidas, que confiere a sus formas, por ejemplo a las caderas, un aspecto más suave a medida que desaparece el hueco situado entre las crestas ilíacas. No obstante, estas mismas niñas pueden producir simultáneamente la sensación de una extrema delgadez. Ésta se hace particularmente ostensible en la cara, el cuello y los hombros. Esta creciente delgadez en las áreas más visibles de ordinario, junto con la mayor estatura de Trece, pueden conferirle una "personalidad dual" al aspecto físico de la niña. Cuando está completamente vestida parece realmente delgada, pero ante un examen físico más completo, caderas y muslos revelan un desarrollo más pleno.

La mayoría de las niñas ya han menstruado antes de cumplir los catorce años y la niña media de trece años ha alcanzado el 95 % de su estatura adulta. Las características sexuales secudarias de los pechos y el vello corporal siguen desarrollándose lenta pero continuadamente. No obstante, la principal preocupación de Trece en la menstruación si ésta todavía no se ha hecho presente. En cierto modo, Trece experimenta alivio cuando sus períodos hacen por fin su aparición, recibiéndolos con un comentario de este tipo: "Bueno, por fin llegó de verdad". Un corto número puede abrigar cierto resentimiento ("estoy furiosa ahora") por temor de que los períodos las perjudiquen en el desarrollo de sus actividades. Pero este resentimiento sólo configura generalmente una emoción pasajera, y son muchas las niñas en quienes la menstruación no representa la menor privación en sus actividades deportivas.

Parece existir cierta relación entre el surgimiento de la menstruación y la menor frecuencia de los dolores de cabeza. Los períodos menstruales no suelen ser, en sí mismos, dolorosos. Todavía siguen siendo irregulares, con un intervalo relativamente largo (a veces hasta de seis meses) entre los períodos, pero dicho intervalo tiende a contraerse hasta que, a los catorce años, los períodos adquieren mayor regularidad.

Aunque Trece no es tan reticente como Doce en cuanto a hacer saber a sus amigas y familiares que ya ha comenzado a menstruar, a menudo no se atreve a comprarse sus propias toallas higiénicas. La situación es para ella sumamente embarazosa, y aún no logra reprimir un sonrojo.

La higiene es importante para la mayoría de las niñas. Pueden ser conscientes de las niñas desaseadas, pero no siempre saben disponer correctamente de las toallas, llegando a veces, incluso, a dejar acumular las toallas o la ropa interior sucia en un rincón del ropero. Convendrá que las madres les sugieran de vez en cuando que revisen los cajones para efectuar una limpieza a fondo.

Crecimiento físico y conciencia sexual. Varones

Allí donde los doce años no señalaban más que la aparición inicial de algunas huellas de maduración física en muchos varones, Trece acarrea cambios más definidos. Para el término medio de niños, es éste un período de rápido crecimiento de los órganos genitales. Cerca de las dos terceras partes presentan vello en la región del pubis y de las axilas. Las comisuras de los labios comienzan a sombrearse con el primer bozo. La nariz empieza a proyectarse como una especie de desagradable promontorio, tanto en varones como en niñas; aparentemente hará falta un año más para que guarde proporción con el resto de las facciones. La voz se hace más grave en muchos varones y otros, que comienzan a cambiarla, sufren frecuentes altibajos tonales. Sin embargo, los hay también cuyas voces resultan más claras y agudas que en edades anteriores.

Al comenzar los trece años la mayoría de los niños han empezado ya a dar el "estirón", pero son contados los que lo han completado. En esta época, a los varones les preocupa considerablemente la estatura, en tanto que a las niñas parece afectarles menos, puesto que la discrepancia en las estaturas de ambos sexos es menos marcada. Hacia el fin de este año, más o menos la mitad de los varones alcanza el pico máximo en la aceleración del crecimiento, para seguir creciendo, a partir de entonces, en forma cada vez más lenta.

A esta edad se producen erecciones, no sólo por efecto de la estimulación directa de la fantasía erótica, sino también, a menudo, espontáneamente o por otras formas de excitación. Algunas pueden ser bastante penosas. Los niños suelen preguntarse por qué les ocurre esto aun cuando no tengan ninguna mujer cerca ni piensen en ellas. Debido a la imprevisibilidad de esta función muchos varones adoptan el uso permanente de suspensores atléticos. Se sienten más cómodos y también más seguros. Aunque sólo alrededor de la mitad de los varones han experimentado la eyaculación antes de cumplir los catorce años, la mayoría de los niños están enterados de este fenómeno.

A los trece años las niñas suelen eludir a los varones porque éstos se muestran a veces demasiado directos en su trato, cuando sienten interés por las niñas. Les falta delicadeza. Pueden desear arribar a un nuevo tema de conversación, pero no saben exactamente de qué hablar y es probable que recurran a algún tema escolar. Los varones tienden a mirar fijamente a las niñas y a éstas suele resultarles sumamente difícil suavizar la torpe intensidad masculina con su pequeña charla femenina.

2. Cuidado personal y rutinas

Alimentación

El apetito de Trece se ha hecho más regular, especialmente en los últimos dos años. En algunos casos todavía sigue siendo tan grande como a los doce, pero en otros ya se ha moderado hasta cierto punto. Mientras que antes solían servirse tres o cuatros platos, ahora algunos se limitan a uno o dos. Por lo general no piensan en la comida salvo a la hora de comer, oportunidad en que disfrutan considerablemente de ella. También puede suceder que si oyen alguna referencia a los alimentos, comiencen a pensar en ellos.

Trece a menudo toma una merienda cuando regresa de la escuela, por la tarde, o antes de acostarse. A veces tiene tanta hambre antes de las comidas que, sin poder esperar más, come unos cuantos bocados, que no alcanzan, sin embargo, a quitarle el apetito. Actualmente es menos probable que coma los tremendos sandwiches que engullía a los doce años, siendo lo más frecuente que elija una fruta o refrescos. Trece suele concentrarse en un solo alimento como, por ejemplo, las manzanas o las naranjas, consumiendo grandes cantidades del mismo artículo. Algunos niños comienzan a frecuentar el *drugstore* [farmacia donde se sirven refrescos, helados, etc.] después de la escuela o a la salida del cine, para tomar una gaseosa o refresco de soda. (Los *sundaes* suelen ser demasiado caros.) Pero todo depende de lo que haga el grupo y de cuáles sean las influencias del hogar. Muchos padres informan que sus hijos no son "de los que van al *drugstore*".

Actualmente las dificultades en la mesa no son mucho menores que antes. Trece es capaz de sentarse en forma más reposada, ya no hay más porfías para establecer qué ha de comer. En su mayoría comen bien y por lo común se les permite rechazar determinados platos, cosa que suelen hacer categóricamente. Trece casi parece odiar determinados alimentos, especialmente entre las verduras. En estos casos, rechaza hasta las más mínima porción, negándose incluso a probarlos. Pero las negativas no son demasiado numerosas. Como en edades anteriores, se observan las mismas preferencias por la carne y determinadas verduras, a las cuales se agrega un mayor interés por las frutas y las ensaladas. Los postres gozan de mayor aceptación que a los doce. Pero los dulces ya no son tan solicitados como antes. Si bien algunos niños de trece adelgazan a esta edad, los hay que permanecen por encima de su peso normal. En estos casos, ya puede pensarse en seguir un régimen, pero en general cabe decir que el apetito se halla más controlado y la reducción de la cantidad de alimentos puede resolver el problema de excedente de peso.

Según los padres, los modales en la mesa han mejorado enormemente. "Ya no traga la comida como antes." "Ahora se sienta más derecho y no hunde la cabeza en el plato." Tampoco "monopoliza la conversación", aunque todavía le gusta hablar.

Sueño

Hora de acostarse. — A los trece años la necesidad del sueño comienza a disminuir y por eso la hora de acostarse oscila entre las nueve y media y las diez. Como él dice: "La hora de acostarme es a las nueve y media, teóricamente. Pero depende de la duración del teóricamente". El acto de acostarse por lo general no encierra demasiadas dificultades, puesto que Trece suele retirarse temprano a su habitación. Pero los padres deben preocuparse de que no tarde demasiado en apagar la luz, la radio, etc. Comúnmente el niño responde a este control sin ofrecer demasiada resistencia. Incluso le gusta la cama y se detiene a reflexionar en el curioso hecho de que cuanta más edad se tiene, más gusta. Algunos niños se duermen casi de inmediato, en tanto que otros escuchan la radio o meditan durante una media hora. En estas ocasiones suelen hacer proyectos, pensando en lo que harán en la tarde del día siguiente o, incluso, el verano siguiente. Algunos abusan de la tolerancia de los padres y se quedan despiertos hasta la una o dos de la mañana, leyendo o escuchando la radio. La gran mayoría, sin embargo, se quedan dormidos en menos de media hora, con un sueño profundo.

Dormir. — Muchos nos dicen que sueñan considerablemente, si bien más tarde no logran recordar lo que han soñado. Los varones suelen soñar con la práctica de deportes y las niñas con varones y bailes. A menudo sueñan con situaciones que ocupan su pensamiento y parecen desear la experiencia de determinados tipos de sueño. Frecuentemente éstos son incongruentes. Así, un grupo de niñas puede llegar a una fiesta vistiendo de la manera más arbitraria, desde un *overall* hasta un magnífico vestido con bordados de plata. O un profesor de ciencias puede ir vestido con un traje de baño de dos piezas y sentarse sobre la falda de una señora gorda. Un sueño que comienza refiriéndose a cosas completamente ordinarias, puede hacerse luego sumamente confuso. Las pesadillas pueden repetirse. Frecuentemente los padres nos dicen que Trece habla o murmura durante el sueño y les grita a sus hermanos.

Hora de levantarse. — El despertarse por la mañana no suele constituir un problema para Trece. Es probable que se despierte por sí solo lo bastante temprano para quedarse en la cama un rato hasta despertarse definitivamente. Si por la noche se ha forjado el propósito de levantarse a una hora determinada, es capaz de despertarse muy temprano. A veces se propone levantarse inmediatamente después de despertarse, considerando que "sólo es una cuestión de fuerza de voluntad".

Aseo personal

El niño ha asimilado ya todo el problema de la higiene y por esta razón no es necesario dedicarle tanto tiempo y energías como antes. Los padres suelen decirnos que "no se opone pero hay que recordárselo". O bien "hay que recordárselo pero no discute". A Trece ya no le gusta tanto el agua como a Doce. Su actitud es más bien la del que dice "terminemos cuanto antes".

Término medio, Trece se baña dos veces por semana o día por medio. En general tiende a darse baños de ducha en verano y de inmersión en invierno, aunque los varones revelan preferencia por las duchas en toda estación. Puede descontarse sin temor a errar que Trece siempre habrá de bañarse antes de una fiesta. Debido al aumento de la transpiración (relacionado tanto con las actividades deportivas como con el nuevo desarrollo de las glándulas sudoríparas, con sus consiguientes características odoríferas), Trece comprende la necesidad de bañarse.

Habitualmente las niñas se lavan la cabeza una vez por semana y es posible que necesiten ayuda para enjuagársela. El mayor interés por el cabello, demostrado igualmente por varones y niñas, torna bastante fácil su cuidado. A algunas madres les asombra que sus hijos varones pasen tanto tiempo ante el espejo para peinarse.

A las uñas no se les presta tanta atención como al cabello. Habitualmente los padres deben recordarle al niño la necesidad de cortarse las uñas de manos y pies. Sin embargo, un contado número de niñas tienen una cajita de manicura en la mesa de luz y se arreglan las uñas casi todas las noches. La higiene dental se halla perfectamente establecida, aunque en algunos casos todavía se hace necesario recordarla.

Ropas y cuidados de la habitación

Muchos varones y niñas ponen actualmente un nuevo esmero en el cuidado de su aspecto personal. Según los padres, son en extremo "escrupulosos", "siempre están prolijos" o son "muy minuciosos". Aquellos niños que en épocas anteriores han sido sumamente desprolijos ahora demuestran algunos progresos.

Las preferencias colectivas influyen sobre la elección que hace Trece de las ropas, pero ya no es tan esclavo del grupo como un año antes. Ahora se siente más seguro de sus propios gustos y preferencias. Ya es completamente capaz de hacer todas sus compras, salvo las de mayor importancia. Aun en este último caso, por ejemplo cuando adquiere un traje, un vestido o un sobretodo, generalmente es Trece quien dice la última palabra, aunque siempre lo acompaña uno de sus padres. Después de todo, es él quien va a usar la prenda adquirida. A menudo padre e hijo coinciden plenamente, pero más sorprendente aún es que en aquellos casos en que no están de acuerdo, respetan mutuamente sus gustos respectivos. Generalmente, sin embargo, Trece se aferra firmemente a su elección, insistiendo hasta dar con lo que quiere, llevando a la madre, a veces, al borde del histerismo. (En el otro extremo, encontramos un grupo de varones que casi no se ocupa de la ropa, prefiere vestir *overalls* y camisas *sport* y juzga las ropas nuevas por su peso: cuanto más livianas mejor. Sin embargo, cuando la ocasión lo exige, hasta esos niños se visten prolijamente sin protestar.)

Las niñas son particularmente conscientes de las ropas de los demás. Así, son capaces de estimar perfectamente qué vestidos habrán de merecer el comentario de la gente y cuáles no. Aunque los varones suelen mostrarse más sobrios en la elección de los colores, hay todavía algunos niños que siguen prefiriendo las corbatas y medias estridentes y las "camisas chillonas" de colores brillantes. Trece es consciente de los colores que hacen juego. Y el buen gusto en la elección de sus ropas se hace evidente en su aspecto final.

No obstante este mayor interés por su apariencia, Trece puede no relacionar todavía el cuidado de sus ropas con el aspecto que desea presentar. Es posible que siga "dejando las ropas tiradas" o "las largue por ahí". Trece puede arrojar en una pila hasta uno de los vestidos más preciados. Algunos cuelgan sus ropas en los respaldos de las sillas o en los picaportes. En general, los niños tienden a colgar con más cuidado las prendas buenas que las ordinarias. Son muy pocos, sin embargo, los que tienen conciencia de cómo se arruga la ropa si no se la cuelga debidamente. Estos últimos llegan a veces, incluso, a planchárselas.

En cuanto a arrojar las ropas sucias en el canasto, Trece ha efectuado considerables progresos. Tampoco necesita que le recuerden que debe cambiarse la ropa interior. En realidad a veces la madre desearía que no se cambiase tan seguido. Trece también comienza a tener conciencia de cuáles son las ropas que deben ser enviadas al lavadero.

Su habitación no sólo se halla sembrada de ropas, sino también de libros y papeles, además de los platos de sus comidas fuera de hora. Reconoce la necesidad de recoger todas esas cosas pero no parece poder hacerlo más de una vez por semana o cada dos semanas. Es posible que la madre tenga que recordárselo, pero sin necesidad de llegar a las batallas de antes, porque Trece acepta su obligación. Cuando finalmente se decide, puede pasarse un sábado entero dentro de la pieza, empezando con los cajones y cómodas para terminar al fin con un bochinche general en medio del piso.

Trece pasa largos ratos en su habitación. Suele pegar

retratos de estrellas de cine en las paredes, insignias, etc. También pasa mucho tiempo en la cama leyendo, escuchando la radio o haciendo deberes. Por lo general tiene llave o pasador en todas las puertas para proteger su intimidad, especialmente de los hermanitos menores.

Dinero

Aunque un contado número de niños se hallan todavía en la categoría de los u$ 0,50 por semana, la mayoría recibe un dólar y aún esta suma puede resultar insuficiente. Algunos incluyen el almuerzo y el transporte en su presupuesto semanal, recibiendo una cuota de unos u$ 2,50 por semana. Los sueldos que cobran algunos por su trabajo pueden ser muy variables: desde 2 ó 3 dólares por mes hasta un máximo de 6 a 12 por semana en una distribución de diarios. Como de costumbre, los varones ahorran dinero para realizar compras específicas. Éstas pueden ir desde una cámara fotográfica hasta una segadora mecánica, una barredora de nieve o un bote. Los niños que perciben un salario pueden comprarse sus propias ropas. Las niñas presentan más tendencias a ahorrar para hacer regalos o quizá para comprarse un perro.

Ni siquiera el proceso apaciguador, reflexivo e interiorizante de Trece logra resolver las dificultades financieras de algunos niños. En estos casos, el "dinero se esfuma", "desaparece". Cuando logran no gastar el dinero de inmediato, al finalizar la semana es seguro que ya no les queda un centavo. No se sabe cómo, pero siempre parecen necesitar más, por mucho dinero que se les haya dado al iniciarla. Los hay también que, pese a no carecer de fondos, encuentran difícil la organización de su presupuesto y la administración de su dinero. Pueden tener las mejores intenciones en este sentido, pero siempre terminan por caer en el desorden. Y además tienden a desparramar el dinero por toda la casa, en el bolsillo de sus pantalones, en la mesa de luz o en la cocina. Es necesario que alguien se lo junte y revise con él el presupuesto.

Trabajo

La ayuda en las tareas domésticas comienza a configurar una actividad en la que pueden confiar los padres, pues

Trece es capaz de desempeñarse con bastante diligencia y buena voluntad. Cuando ejecuta rápidamente las cuatro o cinco tareas bajo su responsabilidad, es como si se hubiera alcanzado por fin la tan largamente soñada utopía. Dado el mayor rendimiento de Trece, pueden moderar las exigencias de los padres. Actualmente la madre suele pedirle que haga algo "si no está ocupado" o "cuando tenga tiempo". Por supuesto que todavía están los del "en seguidita"; pero en general, Trece ya ha establecido su rutina, turnándose frecuentemente con un hermano en la ejecución de determinadas tareas y realizando satisfactoriamente su parte de trabajo en la casa.

A los varones les gustan especialmente las tareas masculinas, como, por ejemplo, la reparación de los fusibles y artefactos eléctricos simples. Les gusta hacer mandados, y a las tareas que cumplen fuera de su casa agregan ahora la de *caddies*. Unos pocos comienzan a ayudar en algún comercio. Las niñas comienzan a limpiar otras habitaciones de la casa además de la propia, y encuentran placer en preparar el desayuno, especialmente los fines de semana. Ambos sexos realizan un considerable trabajo como guardadores de niños fuera de su casa, disfrutando de los ingresos que esta actividad les procura.

3. Emociones

Los cambios experimentados entre los doce y los trece años, aunque definidos, son más bien sutiles y a veces no del todo perceptibles para el propio niño. A menudo éste siente, en todo caso, que "las cosas andan un poco mejor", pues sus horizontes se han ensanchado, tanto por las cosas que puede hacer por propia iniciativa como por las relaciones con sus amigos. Pero ahora, si bien algunos acontecimientos especiales pueden hacerlo sentir sumamente feliz (ser elegido para desempeñar un papel en una obra de teatro, asistir a una fiesta, aprobar un examen), sus emociones son, generalmente, más serenas que a los doce años.

El mismo Trece nos dice que "no es demasiado bueno" y a menudo reconoce que se porta mejor fuera de casa que en ella. Otros pueden experimentar los cambios con más intensidad que él mismo. Una y otra vez los padres nos dicen que el niño revela un verdadero apaciguamiento, que se observa en él una nota de mayor seriedad, que presenta períodos de marcada melancolía. La exuberancia y el entusiasmo, de tanta preponderancia a los once años, se ha calmado decididamente. Hasta las alabanzas que hacen los padres del niño en la entrevista, son formuladas con cautela y reserva. Así, se nos dice que es "bastante bueno", "bastante alegre" y "bueno". En muchos casos el rasgo prevaleciente es de carácter secundario, y algunos le llaman hosquedad, otros, reserva, pesimismo, malhumor, etc.

Trece, si su sosiego no ha derivado demasiado hacia la conducta interiorizante, por lo general posee un buen control de sus emociones. Se siente y actúa con mayor independencia. Puede separarse del grupo familiar y retirarse a su pieza porque le gusta estar solo. Más que feliz, se siente contento consigo mismo. Puede pasar por momentos de extrema felicidad sin ninguna razón aparente, pero éstos no suelen durar mucho. Otros momentos de felicidad parecen derivar de la voluntad de Trece que les dio existencia.

Sus sentimientos de tristeza son más intensos que en épocas anteriores. Estos sentimientos pueden formar parte de un estado de ánimo, en esas ocasiones en que se siente "taciturno y melancólico –como si el mundo no fuera una gran cosa–", sin ninguna razón conocida. A veces puede haber causas más visibles debajo de esta tristeza como, por ejemplo, la muerte de alguna persona querida o de un animal doméstico, el alejamiento de algún amigo, etc. Pero lo que lo hace sentirse más desdichado es que la madre se enoje con él y tenga que darle un reto. Muchas veces se da cuenta de que tendría que hacer algo cuando se siente de este modo, pero también comprende que no es fácil raccionar en estas ocasiones.

Cuando se halla irritado, Trece parece ser capaz de controlarse mejor que antes. Rara vez se enfurece. La irritación o el enojo han reemplazado a la furia. Y aun cuando lo arrebata realmente la furia, es capaz de ejercer cierto control consciente. Algunos niños, los de menor dominio, apelan de inmediato a los insultos cuando se enojan. Pero son muchos los que no dicen ni hacen nada; otros abandonan el campo retirándose a sus habitaciones para recapacitar sobre lo sucedido y lograr tranquilizarse. Y ahora la respuesta es, a menudo, de tipo "desviado". Aparentemente contenido en el momento, posteriormente Trece puede descargarse sobre alguna otra persona, generalmente la madre. O, lo que es más frecuente, vuelve su rabia contra sí mismo. Esto parece sosegarlo gradualmente.

En general, Trece se ha dado cuenta de que "no puede hacer nada" cuando se enoja con sus padres o con su maestra. También ha aprendido que sus padres suelen tener razón a la larga. Pero la maestra a menudo le plantea un verdadero problema. Algunos niños se irritan tanto con sus maestras —justa o injustamente— que tratan de comportarse de la peor manera posible. Aquellos que no tienen el coraje suficiente para actuar con agresividad manifiesta, suelen limitarse a hacer todo lo contrario de lo que aquélla les pide. Pueden llegar al extremo de despreciar a una gran persona, simplemente porque la maestra dice que es grande.

Trece no llora con frecuencia, pero a veces se lo puede encontrar llorando en su habitación. En ocasiones llora de rabia, pero frecuentemente llora porque las "cosas marchan mal". Tanto los varones como las niñas pueden llorar por no haber sido invitados a una fiesta. Generalmente se trata, en este caso, de niños adelantados de trece años, que se ven forzados a rivalizar con los más maduros de catorce. En su mayoría, estos niños se hallarían mucho mejor compitiendo con otros de su propia edad. Probablemente el error en la asignación del grado escolar se produjo mucho tiempo antes, en primer grado, cuando la facilidad del niño para la lectura y los cálculos aritméticos eclipsaban toda otra consideración. En esos momentos críticos nadie piensa en los rigores de la vida social entre los once y los trece años y en el desolado llanto de Trece cuando se siente excluido.

En general, Trece no es temeroso. Es posible que declare que experimenta los "temores habituales, normales, que tiene todo el mundo". Pero a menudo le asaltan ideas desagradables cuyo efecto trata de subestimar cuando se refiere a las mismas. A menudo se le oye decir que no le tiene miedo a "las cosas grandes como una bomba atómica" o que no hay "por qué asustarse" de los misterios radiales, o que "no le da miedo quedarse solo en la casa, aunque le desagrada la soledad". Insiste en que no le da miedo caminar de noche por una calle oscura, pero agrega que "camina un poquito más ligero". Trece trata de convencerse a sí mismo de que no tiene miedo.

Hay un miedo especial que experimenta cierto número de niños y es el originado en los encierros, cuando el individuo se siente atrapado en medio de una multitud, un subterráneo o incluso un refugio en la nieve.

Aunque Trece puede no ser muy miedoso, se preocupa por multitud de cosas. Él mismo declara que "se preocupa por cualquier cosa habida y por haber", o que se preocupa porque sabe que va a preocuparse. Cada niño parece tener algo personal de qué afligirse. Cierto número se aflige por su desempeño en la escuela; los peores alumnos, por la posibilidad de no aprobar aritmética; los buenos, por la de no figurar en el cuadro de honor. Algunos se preocupan por su popularidad; otros, por la popularidad de un hermano. A otros, en cambio, les preocupa pagar sus deudas y dar término a las cosas que inician. Algunos van más lejos todavía, y se afligen por la marcha de los asuntos internacionales. La forma en que Trece resuelve el estado de cosas mundial puede ser perfectamente simple. Como dijo una niña de trece años: "Bastaría con que usaran la cabeza. Lo que pasa es que quieren una cantidad de cosas y nunca piensan en los demás."

Sin embargo, cuando se le hace la pregunta: "¿Cuál es tu principal problema?", Trece suele responder que no tiene ningún "problema principal" o que "todos sus problemas pueden resolverse fácilmente". A las niñas les preocupa más que a los varones su popularidad, su don de atracción y su futuro, en tanto que a los varones les interesa más la escuela o las cuestiones de dinero. A algunos les obsesionan cuestiones más específicas, como, por ejemplo, quedarse levantados hasta más tarde el viernes a la noche o bien algún defecto o ineptitud física. Y hay todavía un buen número de niños cuyo principal problema es un hermano o hermana con quien ya hace años que viene peleándose.

Trece, aunque a veces parece tan duro, tiene bajo su aparente costra un corazón sumamente sensible. Es fácil herir sus sentimientos. Algunos varones, especialmente, se sienten fácilmente heridos por las palabras severas de sus padres (esto ocurría con las niñas a los once y doce años). Sus sentimientos acusan el impacto no sólo de lo que pueda decirles la gente, sino también de los distintos desengaños y fracasos que experimentan, como, por ejemplo, los de la vida escolar. Cierto número no reacciona en estos casos. Otros pasan por alto ostensiblemente o tratan con desdén al autor de la ofensa, y los menos se limitan a reírse o a contestar con un chiste.

Trece es cada vez más consciente de sus propios sentimientos. Muchos los manifiestan sin importarles hacerlos conocer a los demás. Pero otros procuran "ocultarlos" o "disimularlos", o bien dejan traslucir su felicidad pero no su tristeza. A menudo sólo permiten que sus amigos más íntimos conozcan sus sentimientos, y en algunas ocasiones se los confiesan a la madre.

A Trece no le nacen fácilmente las expresiones de cariño. Es más reacio a la efusividad. Parece haberse retraído sobre sí mismo, y se siente más inclinado a rumiar y resolver sus sentimientos dentro de sí. En general no envidia demasiado a aquellos mejor dotados que él o que tienen más bienes. De vez en cuando "puede tener envidia de pequeñas cosas", pero en general no desea trocar su lugar con nadie.

Trece ha llegado a esa etapa en que se desea competir por "las cosas que importan". El niño demuestra una perfecta discriminación en cuanto a las actividades en que desea destacarse. Pero perder no le desalienta demasiado, aun cuando desee ganar y trate de ser el primero; por lo menos declara que "el fracaso no lo descorazona".

En algunos niños el humor se ha vuelto algo tenso y sardónico. Algunos cultivan el sarcasmo con particular éxito. Les gusta repetir lo dicho por alguna otra persona, pero en forma exagerada. La imitación que hace Trece de las particularidades de sus maestros es mordaz y sumamente elocuente. La parodia es una de sus ocupaciones favoritas. Algunas de sus bromas sexuales son en extremo avanzadas y a menudo incluyen una mención velada de la cópula carnal.

4. El yo en crecimiento

¿Qué mejor manera para un adolescente de encontrarse a sí mismo que concentrar todas sus fuerzas periódicamente fuera de la escena activa de su vida, en comunión consigo mismo? La propia sustancia y textura de los trece años suministra este medio de crecimiento. La forma en que cada individuo utiliza el material proporcionado por las fuerzas del crecimiento puede variar considerablemente, pero el terreno es siempre el mismo. El rápido, variable y contradictorio movimiento de Once se ha ido afianzando a través de los doce, hasta alcanzar la calma aparente de los trece. Y decimos aparente porque esta quietud es, en el fondo, dinámica. En efecto, el niño enfoca con sus facultades intelectuales recién descubiertas el campo de sus percepciones, agudizándolas hasta darles un contorno nítido y penetrante.

A Trece le gusta "dejar que el tiempo siga su curso". Como dijo un varón, "antes me gustaba crecer rápido, pero ahora me gustaría crecer despacio, en forma natural". Aquella prisa y ansiedad de otros tiempos por acumular nuevas experiencias para las cuales todavía no se hallaba preparado ya están en vías de desaparecer. Trece quiere vivir *ahora.* Quiere existir con mayor plenitud. Es existencialista por naturaleza, dándole a la vida lo que a ésta se le debe y tomando de ella todo lo que puede absorber.

Los padres ya no lo alaban como a los doce años. Pero lo aprecian y (así lo esperamos) lo comprenden. ¡Con cuánta frecuencia nos dicen que el niño "lleva una vida decididamente propia", o bien que "vive por su cuenta"! En algunas ocasiones los padres se sienten heridos por este desprendimiento, sintiendo que Trece los deja a un lado. En otras se afligen, pensando que deberían hacer algo para solucionar este retraimiento. Con demasiada frecuencia no se dan cuenta de que ésta es, precisamente, la época del recogimiento, de la soledad. Y los mismos padres podrían soportar mejor el crecimiento si proporcionaran la ocasión y el lugar para la interiorización de Trece; su torre de marfil, por así decirlo, donde pueda vivir su vida con más plenitud y riqueza.

No todos los niños se retraen físicamente en el hogar, retirándose a sus habitaciones. Sin embargo, aun aquellos que todavía forman parte del grupo familiar, más de una vez se encuentran "ausentes" dentro de la casa. O bien no desean participar de las mismas actividades colectivas que solían desarrollar con los demás miembros de la familia. Pueden llevar una vida muy activa, pero son más independientes del grupo familiar. Son más independientes, incluso, de su propio grupo infantil. Cierto es que pueden darles "berretines" por el grupo, pero en general no son esclavos de éste como en épocas anteriores.

Trece comienza a verse a sí mismo con mayor claridad.

Ante todo es su apariencia física lo que le importa. Es su yo externo. El espejo lo atrae como un imán. Ninguna onda del cabello debe estar fuera de lugar. Le interesan particularmente las ropas, y se las arregla él mismo con minucioso esmero. Todo esto forma parte, por lo demás, de su reciente aptitud discriminatoria, de su conciencia intelectual de la forma.

En cuanto a su yo interno, también éste es escudriñao atentamente. Según los padres, el niño es sagaz, sabe lo que significa la individualidad de los otros. Trece es capaz de detenerse en medio de su propia experiencia para reírse de sí mismo en forma adulta. Su autocrítica se halla dirigida contra su yo interno, contra su carácter. Reconoce su egoísmo, su haraganería, su irritabilidad, su escasa comprensión de los demás individuos. Es susceptible de enredarse en lo que posteriormente considera falsos artificios. Sabe cuándo está alardeando, aparentemente para procurarse satisfacción. Pero más tarde será sincero consigo mismo y confesará: "Me detesto cuando trato de despertar simpatías. Te hice ese cuento nada más que para hacer creer que yo tenía razón y que Luisa estaba equivocada."

Pero Trece no le dedica mucho tiempo a la autocrítica. Le importa mucho más ser él mismo, estar consigo mismo, agradarse a sí mismo. El pensamiento de la fama no lo subyuga como a los once años. Ahora "sólo quiere poder complacerse".

Comienza a tener conciencia de un nuevo punto focal, el cerebro, que es el órgano que más parece ser asiento de su yo. Recuerda la época en que pensaba que el anillo o las trenzas formaban parte de su yo; pero ahora comprende que estas partes separables de su cuerpo no son esenciales y pueden cambiar. Su yo se expresa activamente a través de los pensamientos, de su conciencia, de su facultad crítica. Pero el sitio en que se localiza toda esta actividad es el cerebro, en el cual "se produce todo el pensamiento y movimiento consciente". Tanta conciencia tiene del cerebro, que a aquellos compañeros que se destacan intelectualmente les llama "cerebros". Esta palabra también puede servir a manera de saludo cuando habla por teléfono con sus compañeros: "Hola, cerebro." Pero los hay todavía en quienes predominan el corazón, el estómago, las manos o los pies. La preponderancia de estas partes y su mayor actividad pueden hallarse íntimamente relacionadas con las individualidades especiales de los niños de trece años. O quizá sea simplemente que estos niños no han alcanzado todavía la etapa en que comienza a considerarse al cerebro como el centro de todas las cosas.

La seguridad intelectual del yo de Trece puede ser tan grande que les dedique gran parte de su interés y tiempo a los problemas verbales. Un diccionario completo puede convertirse en un preciado tesoro, especialmente en el caso de los varones, y hasta la separación de las palabras en sílabas supone cierto interés por el origen de las palabras. Trece percibe su capacidad intelectual y desea darle libre curso en el campo de los conocimientos.

Para aquellos niños que se sienten menos seguros de sí mismos puede ser ésta una edad inquietante. Suelen mostrarse hipersensibles a las críticas. A veces pueden ponerse tan nerviosos, por ejemplo cuando hablan por teléfono, que primero deben escribir en un papel lo que han de decir para no atropellarse. En algunos casos se sienten tan descontentos consigo mismos que adoptan un papel imaginario para convertirse en otra persona, imaginándose en otro lugar. Estos niños son los que deben escapar de sí mismos para encontrarse.

La conciencia de Trece con respecto a sus méritos y defectos atañe, las más de las veces, a su intelecto. Entre los méritos, el niño enumera su facultad de raciocinio, su cerebro o su aptitud para sacarse buenas notas. Sabe que es tenaz, y habla de esa cualidad. Aquellos niños que tienen más conciencia de la demás gente piensan preferentemente en su compañerismo, en su tendencia a pensar antes de decir una cosa o a procurar no herir los sentimientos de los demás. Cuando Trece pasa revista a sus defectos, suele suceder lo contrario. Así, reconoce que a veces no trata de comprender a los demás, que se enoja con demasiada rapidez y que es egoísta. Sabe cuándo pospone las cosas y cuándo es haragán.

A Trece le puede preocupar tanto el ahora inmediato que puede resultarle difícil, especialmente en el caso de los varones, expresar un solo deseo, y con más razón tres. O bien, si no logra mostrarse específico en sus deseos, puede desear que se le concedan otros tantos deseos como encuentre necesarios. Aunque muchos todavía desean cosas materiales, como, por ejemplo, un equipo de pesca, una casa más amplia o un barco de vela, algunos ya comienzan a pensar, en primer término, en la demás gente, y sólo en segundo término en sí mismos. Una niña de trece años dio sus deseos según el siguiente orden preferencial: en primer lugar deseó que "la gente del mundo aprenda a vivir junta"; en segundo lugar, "poder diseñar mi propia casa con todo el mobiliario, materiales, etcétera"; y tercero –quizá lo más importante de todo–, "tener novio".

Trece también piensa en los que sufren, especialmente en aquellos que padecen físicamente. Así, desea que no haya más enfermedades, o en el caso concreto de que conozca alguna persona enferma, que ésta se mejore. Desea "extirpar las lacras sociales" y "resolver el problema comunista".

Trece ya ha pensado considerablemente en su futura carrera. Lo ha discutido frecuentemente con su padre y puede dejarse llevar por su influencia si las razones de éste son convincentes. Trece recuerda las carreras que ha elegido previamente pero que ya no le atraen. Así, suele abandonar sus antiguas preferencias por la carrera de enfermera, veterinario o abogado. Algunos niños se dan cuenta de que primero necesitan cierta experiencia para poder establecer qué es lo que les gusta. Una de las vocaciones más comunes a los trece años –relacionada indudablemente con su actividad intelectual– es la de llegar a ser profesor. Estos niños que eligen la docencia saben perfectamente a qué grupo cronológico específico les gustaría enseñar, desde la *nursery school* [anterior al jardín de infantes] hasta el grado que cursan actualmente. En su horizonte comienzan a aparecer nuevas profesiones, como la de psicólogo y la de relator deportivo. Las niñas piensan a un tiempo en el matrimonio y en la carrera, y si bien muy pocas se hallan dispuestas a renunciar a cualquiera de esas perspectivas, la mayoría le asigna prioridad al matrimonio.

Aquellos niños que proyectan seguir una carrera universitaria tienen una idea bastante aproximada de su elección y de lo que la universidad puede ofrecerles. Muchos comienzan a considerar las ventajas de una universidad pequeña. La atracción de la educación mixta ya no es tan fuerte; en realidad, tanto los varones como las niñas pueden preferir las universidades con separación de sexos, aunque su interés por el sexo opuesto siga siendo bastante grande.

La idea del casamiento ocupa decididamente un lugar

importante en el pensamiento de Trece. Las ideas anteriores de permanecer soltero han desaparecido casi por completo, aunque algunos varones todavía no le han prestado al matrimonio la debida atención. Aún no han pensado gran cosa en este problema ni han elegido una niña entre sus compañeras. En realidad, pueden hasta ignorar las cualidades que querrían en una esposa, aunque algunos varones desean particularmente que sus esposas sean inteligentes. Pero las niñas, en cambio, han pensado ya maduramente en el matrimonio. No sólo desean que a sus futuros esposos les gusten las cosas que a ella les gustan, sino también que sean como ellas. También desean que su futuro marido merezca la aprobación de sus amigas. Vemos aquí las semillas del compañerismo.

En cuanto a los hijos, Trece revela menos deseos de tener una familia numerosa. Unos pocos han restringido su número a dos, aunque los hay todavía que desearían tres o cuatro.

5. Relaciones interpersonales

Si Trece no fuera tan burlón, si no contestase secamente a sus padres con un monosílabo, si no fuera tan susceptible y no se ensimismara tan seguido, los padres sabrían cómo acercársele, cómo tratarlo. Trece no desea comprometer su posición en la familia, pero sabe perfectamente bien que con ella "no es tan bueno como con los amigos". No sabe exactamente por qué ha empeorado la situación y se muestra desconcertado cuando exclama: "No sé por qué no nos llevamos mejor."

Algunos niños, sin embargo, se llevan perfectamente con sus padres. Suelen reconocer que su madre es comprensiva y cariñosa, pero no se atreven a hacerle preguntas, especialmente sobre el crecimiento. Es posible que le cuenten cosas sucedidas, especialmente fuera de la casa, o que le pidan opinión sobre algo, *pero* rara vez le hacen confidencias. Pueden desear discutir algún asunto con ella, pedirle consejo sobre cuestiones sociales o presentarle sus quejas por el exceso de trabajo en la escuela, *pero* no quieren que vaya a la escuela para defenderlos en su pleito, por muy valiosa que pudiera ser su ayuda.

Trece a menudo se siente embarazado por la presencia de su madre, especialmente cuando se halla en compañía de sus amigos o en un lugar donde alguien podría reconocerlo, como en el cine o en la playa; pero, en cambio, si está en algún lugar extraño, v. gr., una ciudad distante donde nadie lo conozca, se sentirá perfectamente a gusto con ella.

En la casa, a menudo la critica por pequeñas cuestiones sin importancia. (Esto vale más para las niñas que para los varones.) Si no es por el cabello, es porque se olvidó de ponerse *rouge* en los labios al salir, o porque sus vestidos tienen alguna falla, o, incluso, porque su caligrafía carece de la prolijidad que el propio Trece hace tan poco que ha adquirido. Por extraño que parezca, y felizmente, Trece rara vez critica a sus padres fuera de la casa. Todos estos reproches se hallan reservados a la atmósfera más íntima del hogar, donde hay sitio para la crítica.

Según algunos niños, los padres los critican demasiado. Esta expresión de censura puede ser tan común y persistente que cuando el niño tiene trece años son frecuentísimos los "sermones" y los "retos". Las objeciones más usuales se refieren al cuidado de la habitación, a la ayuda en las tareas domésticas y a los modales en la mesa. El padre es más específico que la madre en sus críticas. Según aquél, Trece debe mejorar en la escuela; la madre hace demasiado por él, y él demasiado poco por ella: no viene cuando se lo llama; no demuestra tenacidad cuando emprende una cosa; debe trabajar más y haraganear menos; debe dedicarse más tiempo a sus lecciones de música; debe mejorar su carácter, su juicio, su sentido común. Los padres pueden mostrarse en extremo mordaces cuando dicen que sus hijas son frívolas, egoístas y amigas de enredos. Por cierto que estas críticas no hacen subir las acciones de los padres a los ojos de Trece. En realidad, cierto número de niños se sienten algo perseguidos, y a algunos varones les hiere con tanta facilidad cualquier crítica que en seguida rompen a llorar. Todas las objeciones formuladas contra Trece pueden ser exactas, pero éste no puede cambiar tanto o tan rápido. Una niña de trece años, quizá más inteligente que sus padres, declaró: "En parte trato de cambiar, pero en parte creo que el tiempo se encargará de eso."

¡Si los padres por lo menos reconocieran que el tiempo está de su parte!... Es ésta una edad de absorción interior, de retraimiento, de meditación. Este viraje en la actitud del niño, esta concentración íntima, pueden producir, en realidad, una especie de sordera social. Cierto es, en efecto, que Trece no oye cuando los padres lo llaman. Pero los padres más comprensivos se dan cuenta de que todo marcha bien cuando lo dejan solo a Trece o se limitan a cambiar con él un contacto superficial. Advierten, además, que con Trece es necesario andar con tiento, exactamente como si se tratara de un adulto. Deben mostrarse muy medidos en su crítica, sin olvidar que Trece es susceptible. Si no tienen esto en cuenta, no tardarán en recibir el impacto de una respuesta insolente, de una actitud antagónica o, incluso, de un franco resentimiento. Con lo cual sólo se conseguirá un mayor retraimiento del niño. En estos casos puede no comunicar a sus padres hasta hechos tan importantes como la confirmación religiosa.

Generalmente, la relación de Trece con su madre es más estrecha. El niño advierte que el vínculo con su padre es "diferente" y "menos íntimo", aunque algunas niñas experimentan su primer contacto cálido con los padres. Frecuentemente, Trece admira a su padre y lo critica menos que a la madre. Expresa que a menudo su padre se halla demasiado cansado, demasiado ocupado o que pasa demasiado tiempo fuera de casa para estar juntos. Pero no lo dice en tono plañidero. El padre suele asistir a los espectáculos deportivos o al cine con el niño, y también salen juntos a pescar y a nadar. Pero el padre resulta inestimable cuando se trata de hacer los deberes. Desde el punto de vista de Trece, "ahora es más fácil trabajar con papá". Desde el punto de vista del padre, el progreso reside en el niño: "Ya comienza a pensar. Es un placer trabajar con él." Y quizá en ambos juicios haya su parte de verdad.

Cuando Trece se retira del grupo familiar, por lo general es más para alejarse de sus hermanos que de sus padres. Quizá se deba a la susceptibilidad de Trece el que se muestre constantemente molesto por sus hermanitos menores, especialmente aquellos comprendidos entre los seis y los once años. Él mismo es capaz, a veces, de explicarlo: "Estoy pasando por una etapa en que todo me molesta." Pero con demasiada frecuencia "es difícil de explicar" o ignora realmente por qué se lleva tan mal con sus hermanos. A menudo dice de un hermanito menor que es un "bebé malcriado", una "plaga", "un fastidio" o un "dolor de cabeza". Esta horrible criatura indudablemente lo "molesta", "le pone los nervios de punta", lo "interrumpe" y se mete en sus cosas; pero esta última queja ya no es tan frecuente como antes.

Trece, por su parte, no suele advertir cabalmente que con suma frecuencia comienza a desempeñar un papel adulto, tratando de mejorar a sus hermanitos y hacerles hacer las cosas que Trece ya sabe realizar. La mayoría de las veces riñe con ellos por "pavadas", simples "insignificancias". Por lo común, la querella se libra en forma verbal; a menudo tiene algo de chanza, pero otras veces cobra matices más serios y puede requerir la intervención adulta. En estos casos el padre puede verse obligado a amenazar con disminuirle parte de su cuota o reducirla directamente, o bien privarlo de alguna cosa deseada por el niño. El cambio de atmósfera después de uno de estos altercados resulta sumamente raro, y la quietud hogareña parece mucho más intensa por contrastar con la bulla anterior.

Pero pese a las dificultades que le ocasionan, a Trece no le gustaría carecer de hermanos. Quisiera que fueran más pequeños o mayores. Pero comprende que contribuyen a impedir que se malcríe. A los varones, especialmente, les gustaría tener un hermano de su misma edad, sin darse cuenta de que esta estrecha relación en el hogar con un hermano teóricamente ideal no dejaría de producir graves problemas.

El gran desnivel cronológico de Trece con los hermanitos de menos de cinco años lo induce a adoptar, naturalmente, un papel más adulto. A menudo le gusta cuidarlos. Con ellos se lleva perfectamente. A veces les prepara sorpresas especiales, y de más está decir que ellos lo adoran.

Asimismo, se lleva bien con sus hermanos mayores, especialmente con los de quince años o más. Puede haber algunas pullas, pero las rencillas suelen dirimirse sin intervención de la familia. Trece puede sentir que un hermano mayor se aprovecha de él porque tiene más años. Pero en general ambos hermanos comienzan a disfrutar de la compañía mutua. A la larga, Trece puede sentir que su hermano o hermana mayor actúa realmente como le corresponde: "Es una verdadera hermana." Algunas veces estos hermanos mayores son sumamente convenientes. Se pueden discutir ciertos asuntos con ellos, y hasta es posible que salgan juntos cada uno con su pareja. Pero cuando un hermano mayor lo critica hasta herirlo, Trece se toma la revancha, aunque probablemente haciéndole llegar la crítica a la madre. Como dijo un niño de trece del hermano, que le había criticado un dibujo: "Bueno, no me gusta su actitud con los agentes de policía."

Existe una considerable diferencia entre varones y niñas en lo referente a las relaciones con el propio sexo. A los trece años las niñas ya no forman parte de un grupo total como a los doce, sino que tienen cierto número de amigas, independientes unas de otras. Como dijo una niña: "El año pasado teníamos una especie de barra. Después yo creo que aprendí la lección. Se tienen más amigas cuando una no anda en barra." La amistad es importante para las niñas de trece años. A esta edad necesitan alguien en quien confiar, alguien a quien contarle los secretos, aun cuando lo que cuenten pueda no ser del todo confidencial desde el punto de vista del adulto.

Es frecuente ver a las niñas en grupos de tres, que a veces se reducen a dos, especialmente cuando dos de ellas se unen contra la tercera, ya sea que ésta se halle o no ausente. Frecuentemente esto obedece a un mero espíritu de broma, pero a veces las críticas de Trece pueden ser agudas, aun cuando se trate de una amiga. Como dijo acertadamente una niña: "Con las mejores amigas siempre hay discusiones; cuanto más la conocen a una, mejor pueden criticar." Los adultos harían bien en aprovechar la sabiduría que tuvieron una vez, a los trece años.

Algunas niñas suelen sentir la pérdida de alguna amiga íntima y recuerdan que un año antes se sentían más como parte del grupo. Su mejor amiga puede haberse mudado o haber cambiado de colegio, o bien los lazos de amistad pueden haber sido superados por el proceso de crecimiento. En el primero de los casos la amistad puede subsistir pese a todo, ya que Trece, según sus padres, es capaz de mantener una nutrida correspondencia.

Los varones de trece no tienen los grupitos íntimos de las niñas. Tienden más a formar barritas de cuatro o cinco, en las que cada miembro considera a todos los demás como sus mejores amigos. Los varones no parecen necesitar la atmósfera íntima y confidencial que tanto les gusta a las niñas. A aquéllos lo que más les interesa es *hacer* cosas con sus amigos, y frecuentemente estos grupos se forman como resultado de determinadas actividades. La mayoría de las veces los amigos están juntos en la escuela, aunque algunos también se ven fuera de ella. Siempre están el cine y los partidos de fútbol, a los cuales pueden ir juntos, aparte de las excursiones de caza y pesca. Pero los varones no suelen quedarse a pasar la noche en la casa de un amigo, especialmente porque sienten que "eso está bien para las chicas".

Algunos varones se enojan con sus amigos más íntimos del grupo, pero en general se llevan bien, y si se plantea alguna controversia son capaces de resolverla pacíficamente. En realidad, suele reinar la calma en los grupos de niños de trece años. En la práctica de deportes, especialmente, cada varón procura asegurarse de que los demás tengan iguales oportunidades.

El apaciguamiento general de Trece se hace particularmente evidente en su relación con el sexo opuesto. Desgraciadamente, las niñas comienzan a encontrar a sus coetáneos masculinos demasiado bajos o aniñados. A menudo aluden a ellos llamándolos "chiquilines", "idiotas" o "pésimos compañeros de baile", aunque a veces deben admitir que algunos son "bastante pasables". También reconocen que los varones las afectan hasta tal punto, que en su presencia comienzan a actuar y reír tontamente, aunque ya tratan de dominarse. Para muchas niñas de trece existe un varón en el cual tienen especial interés, y que, a su vez, puede estar interesado en ellas, si bien esto no les impide desplazar su interés hacia otro de tanto en tanto. Sin embargo, las propias niñas reconocen que a algunas de sus amigas les gustan los varones y a otras no. También se dan cuenta de que ya no hablan tanto de muchachos como antes. Actualmente hablan de "varones", pero también de "muchas otras cosas".

Unas pocas niñas salen de vez en cuando con un compañero, generalmente con muchachos algo mayores, y van al cine o a bailar, pero jamás se les ocurriría tomar eso demasiado "en serio". A muchas niñas todavía les gusta practicar determinados deportes con los varones. Evidentemente, les gusta moverse en su proximidad.

Los niños no sólo parecen haberse calmado con respecto a las niñas, sino que algunos se han ido, incluso, al extremo opuesto. "Mis amigos, que vayan con ellas si les gusta, pero a mí no me interesa": he ahí una frase bastante común a esta edad. Otros suelen exclamar: "¿Chicas? ¡Bah!", o "Ya no doy un céntimo por una chica", lo cual parece indicar que hubo una época en que las niñas significaban algo para estos mismos varones. Unos pocos se han convertido en verdaderos misóginos, pero en general los varones guardan un sentimiento neutral hacia las niñas. Como dijo uno de ellos: "Las niñas pueden ser o no como les guste. Para mí no son repulsivas. Simplemente no me importan."

Los varones de trece años salen muy poco con niñas, pero les gusta asistir a bailes y a fiestas de vez en cuando. Para gran sorpresa de su parte, la primera niña a quien invitan en alguna de estas ocasiones acepta casi siempre. Lo cual no quiere decir que los varones sean compañeros óptimos para una fiesta, pues por lo general se apartan formando grupos inquietos. No resulta difícil deducir qué ideas ocupan sus pensamientos en estas circunstancias, por los susurros que escapan del grupo: "topar", "trasero". Sin embargo, su conducta general en las fiestas ha mejorado considerablemente en comparación con el año anterior, pues como ellos mismos dicen: "Ya no hacemos más desastres." Pero todavía, si falta la suficiente vigilancia y una buena organización, es posible que terminen tirándose cosas por la cabeza. Y siempre parece haber un chico con el ojo clavado en la llave de la luz, listo para apagarla en lo que él considera el momento más oportuno.

La organización debe ser casi tan cuidadosa como a los doce años. Sin embargo, los niños de trece comienzan con mayor lentitud y necesitan más tiempo para ponerse a tono con el espíritu de la fiesta. Quizá sea preferible que los padres se mantengan alejados del núcleo principal de niños, pero conviene que haya algún adulto entre ellos para conducir las cosas de la manera más armoniosa y placentera posible.

Las niñas son generalmente las que mayor interés muestran por esas fiestas y a menudo las que llegan más temprano. Los varones se quedan "dando vueltas por ahí". De modo que pasa cierto tiempo antes de que estén todos reunidos. Se produce entonces esa especie de compás de espera en que los varones se agrupan en una pieza y las niñas empiezan a bailar entre sí y uno se pregunta si eso será realmente una fiesta. Es en este momento cuando hace falta la habilidad de organización, cuando se hace necesario encauzar la fiesta. Lo que a Trece le gusta más es bailar. La dificultad para la elección de compañera puede obviarse mediante el baile de la cenicienta, en el que las niñas colocan sus zapatos entre los cuales deben elegir los varones. La adición de una naranja que cada pareja debe sostener mediante la presión de sus frentes puede contribuir a romper la tensión.

La bulla de la fiesta puede subir de tono y el maestro de ceremonias necesitará, además de mucho tacto, una voz potente. Algunos juegos como el Antón Pirulero con premios y prendas es exactamente lo que necesitará Trece. Para el caso, es indiferente el tipo de premios: barras de chocolate o cualquier otra golosina. Es la diversión que depara el juego mismo lo que importa. La torta de cumpleaños carece de interés y es posible que casi no la toquen. Lo que cuenta es la bebida, y debe calcularse aproximadamente un litro por persona.

La duración óptima de una de estas fiestas es de dos horas y media. Del mismo modo que a los doce años, si es posible dejar a los invitados en sus casas será más fácil sostener el ritmo de la fiesta hasta el último momento.

6. Actividades e intereses

Las madres suelen decirnos que sus hijos de trece años han abandonado ya "todas sus cosas infantiles", pero en realidad se trata más de una tendencia que de un hecho consumado. Cierto es que Trece reconoce que ya "ha dejado atrás" ciertos tipos de libros que "solía" leer o bien que ahora le "aburren" los misterios que antes le parecían tan fascinantes.

Reconoce el cambio y se alegra del mismo, pero esto no significa que no disfrute con la lectura de las revistas de historietas de sus hermanitos menores, aun cuando no se le ocurre comprarlas para sí o coleccionarlas. Algunos niños son demasiado conscientes de su apego a los objetos infantiles, y unos pocos llegan a felicitarse, incluso, de su persistencia.

A veces lo difícil es comenzar. Como nos decía un niño: "Creo que debo mejorar. Una de esas cosas que a uno le dan vueltas y vueltas en la cabeza. Pero nunca me decido a empezar a mejorar". Otro declara: "Me gusta hacer algunas cosas tontas y demasiado infantiles para mí. Me gusta galopar por la casa e imaginarme que ando a caballo". Y otro, sobreestimando las preferencias de muchos adultos, expresa ingenuamente: "Esto a lo mejor le sorprende, pero me encantan los cuentos policiales".

Ya sea que Trece tenga preferencias maduras ó infantiles, siempre se muestra activo y hasta apasionado en el cultivo de dichas preferencias. Esta pasión puede tener por objeto un perro o un caballo, la práctica deportiva o la lectura de revistas sobre estrellas de cine.

Muchos niños de trece años tienen "mentalidad deportiva", son "locos por el deporte" o están "obsesionados por el deporte". Aun los de menos espíritu deportivo suelen jugar con tanto entusiasmo que después de un partido quedan prácticamente exhaustos. Dan de sí todo lo que tienen. Aunque Trece abriga un continuo interés por el fútbol (*touch foot-ball* en el caso de las niñas), el básquetbol y el hockey comienzan a ejercer un influjo tan fuerte como antes, pero como espectácuo –directo a través de la radio o la televisión –continúa siendo el que más atrae al niño de esa edad.

Los distintos deportes individuales iniciados a edad más temprana (remo, esquí, patinaje, tenis, golf), reciben ahora una atención considerable y pasan, incluso, por una etapa de depuración. Algunas niñas siguen prefiriendo andar a caballo, pero ahora sin la pasión de otras épocas. La caza y la pesca se limitan a un corto número de varones, pero las filas de sus cultores habrán de engrosarse con el tiempo.

Los intereses hogareños de varones y niñas comienzan a mostrar una separación más definida, pues cada vez se hace más común la manifestación de interés por una actividad específica. Las preferencias de los varones se hallan delineadas con mayor nitidez que las de las niñas. El interés mecánico-científico por la radio, tanto en su construcción como en el trabajo de operador, se halla más difundido que antes. La fotografía es quizá la afición que más progresos ha hecho, pues actualmente incluye a menudo las tareas de revelación y ampliación. Muchos niños han reunido el dinero suficiente para equipar su propio cuarto oscuro. A esta edad todavía les interesa la construcción de modelos, especialmente *midgets* de carreras, y les gusta diseñar autos y aviones. Actualmente, algunos varones construyen menos pero observan más. Esta habilidad para observar exactamente las líneas de los distintos autos puede clasificarse dentro de los *hobbies*. El ojo de águila de Trece escudriña todos los detalles y variaciones en la línea de los diseños.

A las niñas les gusta tejer, trenzar o coser ropas para ellas. Pueden hacer alguna incursión por la fotografía o la radio, pero carecen de la penetración y la tenacidad de los varones. También les atraen las actividades creadoras como el dibujo, la pintura o la literatura. También pueden cultivar la música, la danza u otras manifestaciones artísticas, si les alcanza el tiempo. Pero las niñas todavía necesitan gran cantidad de tiempo para "charlar" con sus amigas, ya sea personalmente o por teléfono.

Las colecciones ya no encierran la fascinación que tenían en otro tiempo. Actualmente no es raro ver las estampillas diseminadas por toda la casa. Los varones pueden hacer guirnaldas con las cubiertas de libros o revistas y las niñas pueden exhibir en su habitación cierta cantidad de muñecas poco conocidas. Pero, en general, las colecciones no ejercen una gran atracción sobre Trece. Éste quiere algo más que el mero despliegue exterior.

Actividades sedentarias visuales y auditivas

Los padres a menudo se sienten gratamente sorprendidos del poco tiempo que pasa Trece ante la pantalla del televisor. Algunos niños tienen poco o ningún tiempo para la televisión durante la semana. Pero miran algunos programas el sábado y el domingo. Los programas predilectos varían considerablemente. Las audiciones radiales pueden ser preferidas a la televisión, pero también éstas son bastante reducidas y sintonizadas cuando la ocasión es particularmente oportuna. La mayoría de las veces Trece no busca programas conocidos de antemano sino que se limita a encender la radio y poner la estación que en ese momento transmite un programa mejor. Por lo general le atraen los programas dedicados a deportes y también los de misterio. A menudo pone música como fondo para sus tareas. Sin embargo, un número cada vez mayor prefiere escuchar música grabada. Les gusta tanto la música clásica como el jazz y ya comienzan a atraerles las melodías románticas populares. Es posible que adquieran sus propios discos y pronto comenzarán a coleccionarlos exactamente de la misma manera en que coleccionaban sus revistas de historietas.

Frecuentemente Trece quisiera tener más tiempo para leer. A menudo está demasiado ocupado con otras cosas para poder hacerlo. Bien pueden ser los deberes (si se le exigen en la escuela) que le quitan el tiempo, o bien puede ser un hobby como la fotografía. Algunos niños, sin embargo, siempre están dispuestos a leer cualquier cosa. Las historias de perros más que de caballos, los libros de aventuras y de misterio encabezan la lista de preferencia. Algunos varones se circunscriben a los deportes. Pero un corto número ya comienza a sondear los clásicos y las novelas históricas.

La lectura de un diario comienza a hacerse más común. Unos pocos lo leen de cabo a rabo. Pero la mayoría se circunscribe a la primera página, a las historietas y a los deportes. Más tiempo se les dedica a las revistas. Algunos varones leen las revistas científicas desde el principio al fin. Otros tratan a sus revistas deportivas como si fueran la Biblia y las cuidan religiosamente. Ambos sexos tienen preferencia por las revistas ilustradas. Un contado número de niñas ha comenzado a leer revistas de cine.

Al igual que un año antes, a Trece le gusta seleccionar las películas que va a ver y habitualmente se limita a las que llama "buenas películas". Si la película no es algo muy especial, prefiere practicar algún deporte al aire libre. Trece suele ir con sus padres, aunque preferiría no hacerlo. Lo que más le gusta es ir con un amigo del mismo sexo, pero algunas veces puede encontrarse en el cine o en el teatro con un amigo del sexo opuesto, y se sientan juntos. A unos pocos no les desagrada ir solos.

Trece prefiere las películas musicales y de aventuras. A las niñas comienzan a gustarles las películas románticas. También las cintas históricas se hallan en plena trayectoria ascendente. Algunos niños tienen sus estrellas favoritas y ciertas niñas tienen locura por determinados actores y actrices. Las niñas parecen tener más tendencia que los varones a identificarse con los personajes cinematográficos. Pueden tratar de reprimir el llanto, diciéndose que no quieren llorar, pero de un modo u otro las lágrimas terminan por dominarlas.

7. Vida escolar

Expresiones como "refinado", "más inhibido", "escrupuloso", etc., resultan las más adecuadas para describir el verdadero cambio interiorizante que tiene lugar a los trece años. El rápido y desbordante entusiasmo de Doce se ha hecho ahora contenido, concentrándose en un afán de aprender más organizado y sostenido. Trece contempla desde las alturas de su reciente madurez las payasadas de los niños de doce, siempre corriendo de un lado a otro por el patio, arrebatando cualquier prenda suelta que tengan a mano, y volviendo a perseguirse unos a otros para recuperarla. Para él éstas son "chiquilinadas". Cierto es, sí, que ya no corre en persecuciones de este tipo como antes, pero en cambio empuja a sus compañeros y es notoria su incapacidad para formar fila. Todavía puede sacar cosas a sus compañeros, pero con cierto sentido selectivo. Cuando arrebata algo lo hace con un propósito dado y la presa elegida suele ser la cartera, pues las fotografías que contiene denuncian la simpatía del dueño en el momento.

Fundamentalmente Trece es más feliz en la escuela que antes. Así, piensa: "Este año es mejor, más lindo". Pero precisa su enunciado, añadiendo: "Mejor probablemente porque tengo más ganas de aprender; pero parece que enseñaran mejor". Cualquier maestra de octavo grado estará de acuerdo, quizá, con esta afirmación, especialmente si antes ha enseñado en un séptimo grado. Nada más fresco que la abierta y sana falta de inhibición del niño corriente de séptimo grado. Pero sus repentinas manifestaciones de energía pueden carecer de continuidad y a ello contribuye su incesante inquietud. Haya o no reloj en la habitación, se produce invariablemente la inevitable pregunta: "¿Qué hora es?" El tiempo transcurrre lentamente, de modo que hasta la mejor maestra de séptimo grado habrá de cansarse finalmente accediendo a esta y aquella exigencia para poder mantener el orden.

En octavo grado las cosas son muy distintas. El tiempo se halla más organizado, la concentración del alumno es más sostenida y el autodominio más evidente. Trece posee un mayor sentido de la responsabilidad y puede confiarse más en él. Con los niños de esta edad el maestro puede compartir diversas experiencias intelectuales con agrado.

Sin embargo, Trece no manifiesta estas nuevas cualidades de inmediato. Casi parecería ocultarlas hasta el momento en que, súbitamente, las despliega en toda su plenitud.

Trece siente que está franqueando el umbral del mundo adulto y en consecuencia desea ser tratado como tal. Le amarga chocar contra el peso de la autoridad. Desea sentirse y ser independiente. Le duele tener que verse constreñido por la autoridad. Trece ama la libertad de decidir. Pero ¡ay! con demasiada frecuencia necesita volver dócilmente al redil de la escuela o del hogar para que le ayuden o le den consejos. Éstas son las ocasiones más oportunas para que el maestro favorezca su regreso, tratándolo de hombre a hombre y no con el aire de quien se jacta: "Yo te había dicho..." Sin embargo, si se resiste a realizar alguna tarea como, por ejemplo, aprender las complicaciones de la gramática inglesa y siente vehementemente que "jamás necesitará saber eso en su vida", suele fastidiarse más aún cuando la maestra se muestra de acuerdo con él. En esos momentos lo que necesita es una autoridad que le diga (y esperamos que con razón) que en la vida es necesario hacer muchas cosas, le guste a uno o no.

Trece (idealmente) desea llegar temprano a la escuela. Le gusta iniciar la jornada lentamente. Desea conversar con sus amigos. Si va en colectivo se comporta con más tranquilidad que el año anterior en que hablaba, gritaba, reía y en general daba expresión más sonora a su entusiasmo. Esto no quiere decir que Trece esté siempre callado; a veces él también se torna bullanguero, dando a su voz tonos agudos y penetrantes, especialmente cuando charla con los amigos de su propio sexo, en los patios o en los lugares de reunión, a la mañana temprano. ¡Son tantas las cosas que tienen que decirse: fiestas futuras, actividades programadas para el fin de semana, quiénes gustan a quiénes!... La estrecha proximidad produce distintas formas de contacto físico, ya sea por medio de empujones o pasando el brazo por encima del hombro.

Algunos niños preferirían entrar directamente al aula para hablar con la maestra. A menudo le llevan recortes de diarios o le hablan de temas generales. O bien sólo desean concluir alguna tarea todavía incompleta.

Trece necesita cierto tiempo para disponerse a trabajar. Hace falta el sacudón del timbre para que el grupo deje de conversar y entre al aula a realizar las tareas encomendadas. Trece entra al aula con pereza. Hay en su actitud general cierto desgano indudable. Si la jornada se iniciara y terminase con la clase de educación física, Trece realizaría el resto de sus tareas con menos interrupciones y más entusiasmo. Las gimnasia es una de las cosas que más le gustan, por lo cual podría contribuir a una iniciación más atrayente del día escolar.

A los varones por lo general les gusta más el básquetbol que el béisbol. Quizá se deba a su novedad; pero lo más probable es que la acción constante, el juego de equipo y la necesidad de precisión en los lanzamientos configuren exactamente el tipo de ejercicio que Trece necesita. También le gusta saltar y dar vueltas carnero. La práctica de deportes a opción, a manera de fin de la jornada escolar, brinda a aquellos niños que demuestran mayores inclinaciones deportivas la ocasión de desenvolverse a gusto y plenamente, y a quienes no les atrae en especial, les permite seguir sus propias preferencias.

Si Trece debe o no darse una ducha después de una actividad física intensa es todavía tema de polémica. Si se le da a elegir, lo más probable es que se pronuncie en contra. Trece no ve su necesidad y le molesta tener que desvestirse y vestirse cada vez, aparte de que, en caso de hallarse físicamente inmaturo, le disgustará profundamente tener que exhibirse ante los compañeros. No debe permitírsele, sin embargo, que use las zapatillas de ejercicios durante toda la jornada escolar. Ni son convenientes para los pies ni hacen nada por la buena ventilación del aula.

Después de la clase de gimnasia los niños procuran arreglarse rápidamente, especialmente las niñas, que llevan al efecto todo el equipo necesario en sus petacas. Para esta actividad es casi esencial la presencia de un gran espejo al fondo de la clase. Las niñas pueden llevar a cabo esta tarea de ocho a diez por vez. Es posible que algunas se pinten los labios, pero la gran mayoría proscribe esta práctica hasta los catorce años, salvo en ocasión de alguna fiesta. (Las niñas de la ciudad tienden a adelantarse en el uso diario del rouge.)

La conducta de Trece en el aula se halla definidamente relacionada con su actitud hacia la maestra. En este aspecto, el niño muestra un agudo sentido crítico. Así, puede aprobarla porque "nos trata como a gente". O bien puede dar libre curso a su indignación, considerando que los "insulta", que "siempre está criticando", "interrumpe lo que uno hace", "es demasiado severa", "no es demasiado severa", "es aburrida", o "hace chistes a costa de los demás". Pero le gusta que le digan las cosas en broma y, especialmente, todos los comentarios que insinúan un mal comportamiento de su parte (siempre que no haya, naturalmente, demasiada verdad en él). Si después de una ausencia la maestra lo recibe con un "se notó que faltabas porque había demasiada tranquilidad", se sentirá íntimamente satisfecho. Parece tener un sentido intuitivo para advertir cuándo un maestro es bueno. "Los buenos parecen tener algo dentro. Parece saber bien lo que enseñan y no les cuesta mantener la disciplina." Trece no tiene inconvenientes en respetar a los maestros que reúnen estas condiciones.

Pero si no los respeta, entonces "trata de pasarlo lo mejor posible". Por lo común se une a los demás para expresar sus sentimientos de hostilidad, ideando burlas colectivas dirigidas al maestro. Por ejemplo, pueden ponerle una chinche en la silla que, por fortuna, aquél descubre generalmente antes de sentarse. O bien puede tratarse de una bombita de mal olor colocada en el radiador para que se funda y sature el aula con sus efluvios. También puede colocar una cápsula similar en las correderas del cajón abierto del escritorio de la maestra, con la esperanza de que al cerrarlo lo haga "estallar impregnando todo el salón". Bajo la superficie de una "broma" de este tipo, fluye una corriente más profunda de franca beligerancia. A los adultos no debería sorprenderles que de tanto en tanto haga eclosión; en su lugar deberían preocuparse más bien por averiguar qué es lo que han hecho o dejado de hacer para provocar estas fuerzas hostiles.

A menudo Trece le tiene ojeriza al director de la escuela, pues éste no sólo representa la autoridad, sino que también la ejerce. Así, por ejemplo, nos lo describen como un "gran fanfarrón, que se contonea por los patios como un pavo real, inventando siempre reglas estúpidas y haciendo discursos todos los días". De otro pueden decir que "se mete en lo que no debe y trastorna las clases". Las más de las veces si a Trece no le gusta el director, parece sentir que a los maestros tampoco les gusta, pues aquél tiene también autoridad sobre los maestros.

En épocas anteriores la maestra solía ser identificada con

la disciplina por ella enseñada. Trece comienza ya a separar ambas cosas. Así, puede gustarle una maestra pero no la materia que enseña o inversamente, puede disgustarle una maestra pero interesarle la asignatura que dicta. Esto nos muestra en el niño una mayor discriminación e independencia de juicio.

Aunque varones y niñas suelen sentarse mezclados en octavo grado, hay ocasiones en que puede convenir separarlos. En general, sin embargo, el grado se comporta como una unidad y sus miembros se hallan más equilibrados que en tiempos anteriores. Aunque a Trece le cuesta asentarse e iniciar una tarea, una vez que la comienza es capaz de una concentración desusada. A veces se concentra en tal medida que no lo distrae ningún ruido, pero otras la bulla del aula puede perturbarlo, así como también las interrupciones de la maestra. En algunas ocasiones la clase se abstrae hasta tal punto en las tareas individuales que durante períodos de hasta veinte minutos puede reinar en el aula un silencio sepulcral. Por cierto que es ésta una habilidad de reciente adquisición.

En sus estudios, a Trece no le molesta el idioma nacional, pero sí la gramática. No la comprende. No sabe en realidad sobre qué trata y no ve el beneficio que puede reportar su conocimiento. Sin embargo, a veces le gusta escribir cuentos, pudiendo demostrar una viva imaginación. En algunos casos se expresa mejor por escrito que oralmente. Le gusta particularmente escribir sobre sí mismo, sobre la historia de su vida, y muchas veces le gusta escuchar las biografías que otros han escrito. (Unos pocos niños más reticentes consideran una violación de la esfera privada el escribir sobre sus sentimientos, y desean especialmente que sus composiciones no sean leídas delante de la clase. Este deseo debe ser respetado.) La mayor facilidad de expresión de Trece hace que el escribir cartas no le resulte tan pesado como antes Actualmente es más capaz de alimentar amistades por correspondencia. Su mayor facilidad no sólo se hace evidente en las palabras que elige, sino también en la caligrafía misma. Ésta es más uniforme, aunque frecuentemente muy pequeña, para desconsuelo del maestro. La pequeña escritura de Trece es, después de todo, una expresión externa de sus buenos procesos intelectuales internos. Es necesario alabarle la escritura y no criticársela, así como también los mezquinos márgenes que deja, que no son sino un signo más, esta vez sobre el papel, de su tendencia a economizarse.

En sus lecturas, los varones se inclinan por las historias de deportes o aventuras y las niñas por las de adolescentes de su propia edad con títulos tan sugestivos como, por ejemplo, el de "*Idilio de verano*". Algunas niñas persisten en su interés por los animales, gustándoles especialmente las historias de caballos. Trece comienza a tornarse más consciente del estilo de lo que lee. Le gusta escoger los buenos pasajes descriptivos, pero esto no significa que le gusten aquellos escritos demasiado cuidados, demasiado sutiles. Prefiere, en cambio, el estilo directo. Cuando una persona habla, le interesa lo que ésta quiere decir, y si un autor quiere decir algo, Trece no ve la razón por la cual no ha de hacerlo directamente, en la forma más sencilla posible.

A Trece le interesa sobre todo experimentar novedades. Aquellos niños a quienes les gusta la matemática pueden preferirla especialmente si la consideran la materia más difícil. Cuando resuelven satisfactoriamente un problema de palabras, experimentan una sensación de cosa concluida. A los varones especialmente les gusta verificar su trabajo una vez terminado y aplicar las pruebas prácticas de las operaciones empleadas. La novedad del álgebra o aun de la geometría y la trigonometría despierta un inmenso interés en algunos niños de trece, si llegan a tener oportunidad de familiarizarse con dichas materias.

También les atrae la ensanchada perspectiva de los asuntos mundiales que les brindan las ciencias de la sociedad. Les gusta leer el diario, recortar los artículos de interés, leer los editoriales y resolver los problemas de la sección dedicada a entretenimientos. Les gustan las clases dedicadas a debates y puesto que ya reconocen más matices del gris, son capaces de dejar atrás las polémicas negro vs. blanco del año anterior. Les gusta profundizar en el estudio de la historia política e interiorizarse, por ejemplo, del origen del *Solid South* [los estados sureños de Estados Unidos que votan sistemáticamente por el partido democrático] y su relación con la guerra civil. Les atrae el estudio de las nuevas ventajas que reporta nuestra era aérea. Dejando rápidamente atrás las aplicaciones obvias como el transporte y el correo, Trece se dedica a analizar otras consecuencias más indirectas: servicios de socorro, protección de las cosechas por medio de pulverizaciones, lucha contra las plagas, y hasta la diseminación de castores en las zonas montañosas lacustres, con fines de conservación.

A Trece sigue interesándole el sistema solar, el universo o, más cerca de su propio radio de acción, el clima. Actualmente comienza a observarse un desplazamiento de dicho interés en el macrocosmos hacia la curiosidad por el microcosmos. Le intrigan los átomos y la energía atómica, especialmente sus aplicaciones pacíficas, las cuales ofrecen tantas posibilidades aparte de la simple eliminación del enemigo. Y también comienzan a interesarle las sustancias naturales y las fabricadas por el hombre, tales como el carbón y los plásticos. Lo que más le llama la atención es el aspecto experimental de la ciencia. Una vez que aprende algo le gusta repetirlo y demostrarlo para su certeza personal; en este sentido es necesario brindarle las facilidades necesarias para hacerlo. También ya se hace consciente de nuevas ramas de la ciencia, especialmente del campo de la psicología.

El tiempo que Trece dedica a sus *hobbies* parece anticipar una era futura de trabajos especializados y actividades extraescolares. Este tipo de inclinación debe ser fomentado sobre una base individual, de acuerdo con los intereses particulares de cada uno. La música, especialmente la ejecución de un instrumento, ejerce una gran fascinación sobre algunos, pero para otros (especialmente los varones) las lecciones regulares de música son un castigo. La pintura y el dibujo pueden producir respuestas igualmente extremas y contradictorias. Frecuentemente a los varones les gustaría más estudiar radio si dispusieran de las facilidades necesarias.

En el taller los varones "se sienten importantes" y pueden rezongar un poco, pero en general trabajan bien. En el trabajo con metales, Trece es capaz hasta de hacer un martillo con las consiguientes exigencias de serruchar, perforar y limar. Hace bien los planos y no le gusta interrumpir su tarea. Es capaz de llevar a buen término los proyectos de trabajos en madera, como, por ejemplo, una mesa de fumar para el padre.

Las niñas de trece años pueden adoptar una actitud algo desganada hacia la economía doméstica, pero no bien se lanzan a la realización de un proyecto les renace el entusiasmo. Todavía pueden hacer funcionar una batidora al revés y cortar con el lomo de un cuchillo. Pero a menudo pueden preparar una comida entera sin dificultades. Su mayor aspiración es hacer una torta de chocolate con un baño de azúcar e invitar a los varones a participar del festín. Quién ha de sentarse en cada lugar es un problema sumamente importante y la mejor solución es recurrir a un sorteo.

A Trece le gusta adelantar en la costura. Actualmente es capaz de coser una prenda entera que puede ser un vestido, una pollera o una blusa sin mangas. A medida que avanza en su labor, con mayor velocidad hacia el final, se resiente la calidad del trabajo.

Pese a la fama de "rezongón" de Trece, sus protestas no interfieren con su capacidad para aprender. Mientras se asienta, puede parecer inquieto; sus pies se asoman por el pasillo, se retuerce en el banco, charla, le saca punta al lápiz; pero una vez que se sosiega puede concentrarse intensamente durante veinte o treinta minutos seguidos. Le gusta terminar las tareas iniciadas y prefiere hacerlo en la escuela más que en la casa. No le gusta tener trabajos pendientes. Esto no significa que no ande con vueltas y pierda el tiempo. Pero en general rinde tanto que es verdaderamente una pena que se le dé trabajo adicional para hacer en la casa. En caso de que tenga que hacer deberes, normalmente es lo bastante responsable para hacerlos por sí mismo, en tanto que un año antes necesitaba ayuda. Pero, al igual que a los doce, los trabajos a largo plazo pueden tomarlo desprevenido al borde mismo de su vencimiento. Esto puede provocarle un pánico súbito, pues en estas ocasiones la tarea parece interminable. Nunca se ve llegar el fin y cuando el trabajo es concluido parece casi un milagro. En definitiva sale airoso, aunque para ello quizá necesite contar con cierta ayuda.

Al final de una activa jornada escolar, suele entretenerse revisando los cajones, siempre que no tenga que apurarse para alcanzar el colectivo. No irrumpe fuera del edificio como era habitual a los once años y frecuente a los doce. A los trece, los niños salen en grupos de tres o cuatro, de varones o niñas. Una niña de séptimo grado puede unirse a un grupo de niñas de octavo y hablar de un varón del octavo grado. Con mayor frecuencia, las niñas de octavo grado hablan de varones que ya cursan estudios secundarios. Generalmente se trata de charlas sumamente amenas que se prolongarían mucho más si la maestra no los echara prácticamente de la escuela.

8. Sentido ético

Trece se mueve en un reino ético más complejo que Doce. Ya piensa menos en lo que le conviene y más en la ética en general y en cómo ésta nos ayuda en nuestras relaciones con los demás. Al hacerse más definido el carácter de Trece, surgen modos extremos de conducta ética. Por un lado están las niñas puritanas, casi gazmoñas, de escrupulosa honestidad, con un sentido exagerado del bien y del mal, que no pueden tolerar a aquellos que se apartan en lo más mínimo de lo que consideran un código ético establecido. Por el otro, están aquellos niños (por lo general varones) cuyas conciencias no les preocupan en absoluto y que tienden a apartarse del código ético sancionado aun bajo la máscara del engaño. Pero a la mayoría de los niños comienza a resultarles más fácil la adopción de decisiones éticas. Empiezan a disfrutar ahora de la nueva libertad que les proporciona su aguzado sentido ético.

Trece dilucida con cierta facilidad el problema de lo que está bien y lo que está mal. La mayoría de los niños "distingue perfectamente" entre ambos, pudiendo llegar a una conclusión neta "sin ninguna dificultad". Algunos parecen saberlo automáticamente y ciertos varones, por extraño que parezca, se expresan con términos absolutos: "Yo siempre sé". Reconocen que hay diversas fuerzas que los guían: su conciencia, lo que piensan la madre y el padre o "lo que piensa la gente". Aparece sin embargo una nueva fuerza que recibe el nombre de juicio. Aunque Trece sabe lo que está bien y lo que está mal, eso no significa que nunca cometa malas acciones. Todavía atisba de vez en cuando, desde su interior, el placer de ser malo, especialmente en la escuela. Y en realidad cuesta criticar a Trece "por volver a las andadas", si con ello no hace daño.

Trece acepta en gran medida su conciencia como parte de sí mismo. Así, se percata de que su conciencia es *activa,* de que a menudo es *firme,* en rigor *muy firme,* cuando se trata de cosas de importancia. Sabe que su conciencia no le molesta demasiado en las cosas pequeñas e incluso le permite "llevarse por delante algunas insignificancias". Pero cuando hiere a otra persona, cuando Trece se porta mal con alguien, entonces sale a relucir su conciencia, que lo acosa implacablemente.

Trece ya tiene una idea más acabada de lo que es la relatividad de la verdad. Trata de ser veraz y procura decir la verdad, pero a veces sólo dice una parte de la misma. A veces dice "mentiras piadosas" que pueden estar destinadas a proteger los sentimientos de un amigo o su propio pellejo. Le disgusta especialmente comunicarles a los padres que ha sacado una nota baja, aun cuando sepa que "no se lo van a comer". Suele eludir las preguntas con evasivas, diciendo por ejemplo que no se le ha devuelto el deber, o bien trata de suavizar las cosas desviando la atención de los padres. Pero no dejaría de decir la verdad por saber que podría ocasionarle daño a un tercero.

Trece ha progresado considerablemente en lo relativo a cargar con la culpa cuando así le corresponde. Ya empieza a dar muestras de hallarse dispuesto a reconocer sus propios defectos. A veces se echa la culpa de algo sólo por broma. Pero, ello no obstante, hay algunas ocasiones todavía en que le cuesta admitirla, resultándole más fácil "cargársela a otros".

Al igual que a los doce años, Trece rara vez discute con sus padres por el solo placer de llevar la contraria. Puede, sí, discutir para ejercitar sus dotes discursivas, pero con más frecuencia lo hace para obtener un fin propuesto. Sin embargo, no discute demasiado. Actualmente es capaz de analizar las cosas y ya tiene algunas ideas sobre los problemas sociales. Siente que está abierto a la razón pero en realidad no es muy fácil de convencer y le cuesta variar de opinión. Puede aceptar las exigencias de sus padres simplemente porque siente que debe hacerlo y aun contra su voluntad. Pero sigue convencido de que no tienen razón.

Los problemas del cigarrillo y la bebida comienzan a caer dentro de la propia experiencia de Trece. Éste se pregunta si él mismo habrá de fumar o beber. La mayoría de los niños (especialmente los varones) ya han probado el cigarrillo, pero en general opinan que no les gustaría fumar regularmente y creen que esas actividades deben "postergarse" hasta los veinte más o menos. En cuanto a la bebida, Trece no es ni tolerante ni intolerante. Así, considera que debe juzgársela por sus propios méritos. La bebida depende de cada persona y de si ésta conoce o no los límites convenientes. Lo que más le preocupa a Trece es la posibilidad de beber en exceso hasta el punto de embriagarse, a menos, quizás, que exista "alguna buena razón para emborracharse, como en un festejo". Los varones piensan en forma más indiferente que las niñas con respecto a la bebida.

Pero tratándose de malas palabas, los varones sustentan opiniones sumamente definidas en cuanto a si debe o no emplearselas. Algunos las dicen en cantidad, especialmente cuando están en medio de la "barra". Otros se las reservan como un privilegio adulto o bien pueden condenarlas como síntoma de mala educación. Las niñas son más conscientes de las razones por las cuales deben o no decirse. Así, tratan de excusarse y justificarse a sí mismas cuando las dicen, aunque en general desaprueban este hábito. En todo caso, opinan que debe hacerse de modo tal que los niños las digan por sí mismos, pero no por oírselas a sus padres.

Algunos niños admiten ligeras infracciones al código ético sancionado, en lo referente a hacer trampas y robar, aunque siempre aducen alguna razón para ello. Los libros parecen abrirse solos sobre el piso durante los exámenes y el viento tiene una forma muy peculiar de dar vuelta las páginas. O bien, puesto que los amigos de uno se llevan hoy una "pavadita" y mañana otra de los negocios, uno bien puede llevarse un día una linterna en miniatura. He aquí, pues, los "plausibles" razonamientos de Trece. La mayoría de los niños, sin embargo, no hacen trampas ni roban. Son conscientes de lo que hacen los demás, pero por lo general no se lo comunican a la autoridad paterna o escolar. Trece detesta "soplar" y por muchos conceptos es poco prudente poner a Trece en trance de cargar con la responsabilidad de este tipo de información. Trece debe ser responsable ante sí, y si no ha alcanzado esta etapa evolutiva, ello será perfectamente evidente para el adulto, ya sea su padre o su maestra. Estos niños necesitan la ayuda y la guía de los adultos. Y no debe perderse tiempo alguno, pues su conducta puede empeorar en los años venideros. Las presiones ejercidas por los amigos habrán de tener una influencia menos positiva, pues el niño elegirá amigos con tendencias similares a las propias. Se proseguirá con las exigencias del grupo más numeroso de los compañeros de la misma edad y también con presiones colectivas más formales, como, por ejemplo, a través del gobierno estudiantil. Sin embargo, los problemas éticos frecuentemente son tratados muy a la ligera por estos grupos, por lo cual conviene imponer la sabia vigilancia y guía individual de un maestro o asistente comprensivo pero firme.

9. Imagen del mundo

Tiempo y espacio

Trece, con su intelecto amigo de escarbar y definir, no se desconcierta cuando se le pide la definición del tiempo. A esta edad ha comenzado a virar del concepto fluido del tiempo en movimiento, o del pasaje del tiempo, a un concepto más estático. Trece habla de momentos, horas, años, "un block de papel donde se escriben los acontecimientos", "la delimitación de un espacio en la vida", "el período o espacio comprendido entre dos sucesos".

Si siente inclinaciones filosóficas puede detenerse a considerar el principio o el fin de los tiempos; pero en ningún caso tiene seguridad de que el tiempo haya empezado alguna vez y de que tenga fin.

La vida de Trece tiene una gran plenitud, tanta que no siempre le alcanza el tiempo para hacer todo lo que quisiera. El niño administra bien el tiempo, pero a menudo cae en los apurones de último momento, tratando de terminar sus tareas en esos últimos "cinco minutos decisivos".

Trece vive en el presente, en el "aquí y ahora", y en el futuro cercano. Hay algunos niños a quienes les encantan las épocas y los lugares remotos, pero en su mayoría comprenden que "sólo puede vivirse el presente"; "el pasado inmediato es pasado" y "no se puede recuperar".

Es la "nada" del espacio lo que más le preocupa. Como quiera que lo exprese, trata siempre de dar la idea de algo que "no existe pero está allí". Algunos lo refieren al aire, la atmósfera o la distancia, pero es más la ausencia de algo lo que los intriga. Trece puede poblar el espacio de estrellas o planetas, o bien puede pensar preferentemente en su infinitud sin principio ni fin. En el extremo opuesto a los niños con estos conceptos tan expansivos del espacio, están los de mentalidad más apegada a la realidad, al radio de acción hogareño. Estos últimos todavía conciben el espacio como el sitio necesario para que crezcan las cosas, para que vivan los animales y la gente, o simplemente para sentarse (como cuando se reserva sitio para un amigo en el cine).

El interés por los viajes tan vehementemente expresado a los once y doce años ya se ha aplacado. Al niño no le atrae tanto visitar lugares nuevos o extraños. Pero esto no impide que Trece se haya hecho sumamente eficiente en su traslación por tren o colectivo a las ciudades cercanas, especialmente aquellas ya conocidas. Con su mayor amplitud de movimientos en el espacio, comienza a descubrir su sentido de la orientación. Por lo general son las niñas las que tienen menos sentido de orientación, en tanto que algunos varones son casi infalibles, sabiendo siempre exactamente qué punto ocupan en el espacio. Los varones también son más conscientes de los puntos cardinales. Con harta frecuencia puede verse a una niña dirigiéndose en la dirección exactamente contraria a aquella en que desea ir. Por fortuna para los adultos que padecen la misma dificultad, los ingenieros del tránsito han comprendido este problema y tratan actualmente de señalar los caminos de acuerdo con la dirección de circulación.

La muerte y Dios

Muchos niños declaran con toda franqueza que no han pensado gran cosa en el tema de la muerte. El pensamiento de su propia muerte les parece "tan remoto", "tan alejado" del futuro inmediato, que no les llama la atención. Un corto número que en épocas anteriores ha tenido la idea de la muerte, ya siente menos temor. La mayoría siente que no hay motivo para tener miedo. Es "simplemente un hecho consabido", un "hecho inevitable".

Algunos conciben a la muerte como un punto final, un lugar donde todo se detiene. Los varones pueden concebirla en forma más científica como un "inconveniente técnico que sobreviene al organismo, por ejemplo, el corazón que deja de latir".

Aquellos que la conciben como "el fin" de todo no se preocupan demasiado por el cielo o el infierno. Así, declaran simplemente que no saben lo que sucede después. Necesitan pruebas y tienen plena conciencia de que no las hay. La muerte es el "fin" y "la mayoría de la gente es olvidada".

A unos pocos les intriga la idea de cómo será sentirse morir. A Trece la muerte no le parece tan triste como en épocas anteriores. Y si expresa tristeza, ésta tiene por objeto no tanto la persona fallecida sino aquellas que quedan en la tierra, las que estaban más íntimamente ligadas al ausente. Al niño puede interesarle asistir a un funeral. En estas ocasiones, puede asombrarle que el cuerpo parezca tan real; y es consciente de cómo sienten los demás, llegando a la conclusión de que él mismo "se siente mejor después de haber tenido esa experiencia".

En los casos en que Trece ha pensado en la vida extraterrena, se observa un viraje completo de sus ideas. Rara vez cree en la posibilidad de retornar a la tierra una vez muerto. Además, comienza a descartar lentamente la idea de que existen dos lugares de destino, considerando ahora que debe haber "solamente uno". No cree en el "infierno eterno", si bien puede admitir la existencia de una "penitencia de un par de años y nada más"; una especie de purgatorio autónomo. Se pregunta si los papeles habrán de invertirse en ese sitio, "que podría ser como la tierra" y donde "aquellos que son ricos en la tierra quizás tengan que traspalar carbón, y aquellos que aquí trabajan y pasan hambre por ayudar al pueblo, quizá ocupen los puestos más altos".

Pero la mayoría de los niños son menos específicos en sus ideas. Así, pueden declarar francamente que no creen en el infierno y que la mayoría de la gente va al cielo aunque sea mala, pues "no hay nadie realmente malo". Y si es que ha de haber castigo, lo más probable es que se castigue uno mismo durante esta vida.

Así como no le preocupa mayormente la muerte, Trece puede no dedicarle muchas reflexiones a Dios. Actualmente se da cuenta de que en épocas anteriores solía pensar mucho más en estos problemas. Comprende que sus ideas han sufrido un cambio reciente. En efecto, aquellos que todavía creen y solían concebir a Dios como una persona o "mitad hombre, mitad espíritu", ahora lo conciben con más frecuencia como un espíritu. La mayoría de las veces refuerzan su concepto con este comentario: "no es un hombre". Para Trece, Dios lo "observa" menos pero "sabe" más lo que él hace. Pero aun cuando crea en Dios, considera que Él no lo influye personalmente, que no "participa de la vida cotidiana". Una niña de trece años pensaba que si bien Dios no influía sobre ella directamente, ejercía cierto influjo "psicológico", pues su idea la impulsaba a obrar de determinada manera. Dios es una fuerza positiva en la vida de algunos niños. O, lo que es más específico, puede evitar que hagan una cantidad de cosas, especialmente jurar.

Aunque la mayoría de los niños creen de algún modo en Dios, un número cada vez mayor comienza a dudar. Pueden hallarse en una época de transición: "A veces parece dudoso, otras sumamente real". Pueden no creer lo que se les ha contado, pero todavía no han elaborado su "propio sistema". O bien pueden rehusarse lisa y llanamente a creer en Dios, porque "no existe ninguna prueba real de su existencia". "Puede existir", pero ellos "no están absolutamente seguros" de que sea así. Sin embargo, a Trece a menudo le chocan sus propias dudas cuando piensa que no cree en Dios.

La práctica religiosa es de gran importancia para el creyente de Trece años. Es probable que rece casi todas las noches. En estos casos, el niño reconoce la influencia que ejercen sobre él sus propias ideas. Puede llegar a creer, incluso, que "cuando pienso en las cosas, suceden exactamente de la misma manera". Se pregunta si la religión y la iglesia podrían producirle una impresión diferente si las tomara más en serio y meditara más en ellas. A esta edad muchos niños reciben la confirmación en la iglesia por su propia iniciativa. La motivación religiosa no siempre es fuerte, pero en todo caso consideran que "sería una buena idea".

La práctica semanal o menos frecuente de los preceptos, en cualquier forma de servicio religioso, es sorprendentemente común en esta época. Cierto número asiste a la escuela dominical aun cuando no tenga la obligación de hacerlo. Sin embargo, hay un número cada vez mayor que concurre por su sentido del deber o porque "no saben cómo decir que no". Si a Trece no le gusta ir, es terminante en su decisión, mostrando la misma firmeza que en la elección de sus ropas o sus alimentos. Poco es lo que se gana en estos casos con forzarlo. Puede suceder que el niño prefiera asistir a la iglesia y no a la escuela dominical, y aunque no vaya todos los domingos, es probable que lo haga, término medio, una vez por mes. Todavía carece de la edad suficiente para ingresar en los grupos de jóvenes, pero a los catorce ya estará en condiciones y deseoso de hacerlo, tanto desde el punto de vista social como religioso.

Capítulo II

EL NIÑO DE CATORCE AÑOS

PERFIL DE MADUREZ

Durante este año el clima emocional sufre diversos cambios evolutivos. La timidez, la susceptibilidad y las escrupulosas extravangancias de Trece dan paso a una vigorosa y robusta expresividad. Ahora se oyen en la casa más risas, más ruido y más cantos. El niño ya no tiende a retraerse. La familia observa en él una mayor alegría y relajación. Continuamente nos informan los padres, en su visita anual al Instituto, que se ha producido un cambio completo en el cuadro de la conducta del niño, si se lo compara con el de un año antes: "Es otro chico. Una persona diferente."

El grado y los patrones de transformación varían, por supuesto, de acuerdo con la individualidad básica de cada uno; pero en este perfil trataremos de exagerar los contrastes observados entre Trece y Catorce a fin de poner al descubierto los mecanismos evolutivos que operan en el niño a esta edad. De más está decir que no debe verse nada denigrante en estas comparaciones. Los nuevos rasgos de madurez de Catorce son síntomas del movimiento de avance con mayor plenitud, adquiriendo un equilibrio más estable en medio de las demás personalidades. Catorce se halla, por lo tanto, mejor orientado tanto con respecto a sí mismo como en relación con su medio interpersonal. A esta edad, el niño comienza a sentir que es él mismo. Posee una nueva seguridad en sí mismo, pese a las presiones de su energía creciente. Así, los padres suelen declarar que "está hecho unas pascuas", lo cual se debe indudablemente a la influencia conjunta de los cambios operados en la química corporal y las reorganizaciones evolutivas de su vida psíquica.

A Catorce le gusta la vida. Tiende a mostrarse amistoso y extravertido en sus relaciones interpersonales, tanto en la casa como fuera de ella. Su comportamiento durante la entrevista y el examen fue el típico de un sujeto libre de trabas y cordialmente cooperativo. De este modo, se mostró franco y comunicativo, si bien autónomo más que dependiente. Demostró interés por la experiencia y aventuró comentarios y preguntas espontáneas. Dio pruebas, además, de una definida conciencia del examinador como persona y a menudo le pidió opinión. Durante las pruebas intercaló salidas humorísticas sociables. A los trece, las respuestas de la entrevista tendían a ser más reservadas y solemnes, con mucha menos conversación dirigida al examinador.

Catorce adopta una actitud mucho más madura hacia los adultos en general y hacia su familia en particular. Actualmente utiliza la palabra *familia* con más libertad y empieza a concebirla como institución. En ocasiones esto lo torna hipercrítico. Un hijo puede considerar a su padre irremediablemente anticuado. Y una hija puede exclamar desolada: "¡Oh, mamá!", ante el menor desliz. Pese a cierta tendencia a sentirse altamente embarazado por la conducta de los padres, su relación básica con el círculo familiar se ha hecho más cordial y menos tensa. Las desavenencias son menos tirantes y persistentes. Existe un mayor respeto y confianza mutuos, basados en una mayor comprensión. Catorce desarrolla cada vez más su facultad de percibir lo que sienten los demás y de verse a sí mismo como lo ven los otros. En el marco de una familia norteamericana puede hacer entrar en juego, incluso, su creciente sentido del humor; y cuando encuentra tolerancia y comprensión en los padres es probable que aventure más de una broma.

Con los hermanitos menores se lleva bien. En realidad, si tienen cinco años o menos, le gusta cuidarlos, jugar con ellos e incluso hacerles regalos. Con los de once años ya no es tan amable, pero por lo general sus dificultades se resuelven en el plano verbal, mediante la discusión y el altercado. La mayoría de los padres sienten que Catorce debe tratar mejor a sus hermanos menores y también que debe procurar mejorar su conducta. En las familias con tres o más hijos es mucho lo que se pretende de Catorce, lo cual no sugiere que ha alcanzado un nivel superior de madurez y responsabilidad.

A Catorce le interesa la gente y cada vez es más consciente de las diferencias entre las distintas personalidades. Le gusta confrontar sus cualidades con las propias y con las de sus padres. Ya le intriga la palabra *personalidad*, y la usa con más soltura. Pero es mucho menos subjetivo que Trece en la consideración de estos asuntos. Catorce puede ser francamente objetivo en sus estimaciones y comentarios, aun en las discusiones con sus profesores.

Tiene un considerable espíritu gregario y parece preferir asociarse con una variedad de individuos. Cuando le preguntamos por sus amigos, nos responde rápidamente: "Tengo todo un surtido de amigos." Puede especificar y apreciar sus distintas características con gran detalle. En su visión de estas diversidades tiende a mostrarse tolerante. "Todos andan en buena armonía", nos declara. Es sensible, sin embargo, a las desviaciones de las normas fijadas por el grupo. Anhela vehementemente gozar de popularidad entre los compañeros de su edad. El interés por los equipos atléticos, las actividades colectivas, los *4H clubes* y organizaciones semejantes alcanza un elevado nivel de intensidad. La devoción por un grupo determinado puede llegar a extremos apasionados cuando el impulso hacia la emancipación se torna excesivo.

La psicología del grupo frecuentemente resulta incompatible con las exigencias concretas del hogar, la escuela y la comunidad. Catorce tiene que optar por un camino, realizando múltiples elecciones entre muy numerosos senderos divergentes y convergentes. Las diferencias temperamentales y sexuales se hacen cada vez más evidentes.

Los varones prefieren, en general, compañeros varones como amigos o como miembros de una actividad colectiva. Un varón declaró, no sin cierto dejo humorístico: "Me gusta cualquier clase de gente menos las chicas." Los datos de nuestra investigación demuestran, sin embargo, que cerca de la tercera parte de los varones de catorce años ya salen con niñas. Las salidas sistemáticas son muy excepcionales. Las niñas esperan que se las invite. Aun así, el varón puede usar de una cautela especial: "Si te invitaran, ¿irías?" Cerca de la mitad de las niñas ya salen con muchachos, pero "no hay nada serio". En general revelan un mayor interés por el sexo opuesto que los varones. Las niñas, sin embargo, se toman un interés en extremo activo por sus amigas del mismo sexo y aproximadamente de la misma edad. Estas amistades son numerosas, variadas y selectivas. Las amistades íntimas, tan intensas que casi siempre traen aparejada una secuela de riñas, ya no son tan características. Los amigos no son elegidos por el simple hecho de que residan en el mismo barrio. Lejos de ello, los une un interés recíproco en sus diversas personalidades. Cada grado escolar suele tener una "barrita" propia integrada por las niñas más populares y de mayor éxito. Intereses y actividades son compartidos en relación con los sucesos deportivos, las representaciones teatrales, conciertos escolares, picnics, fiestas, excursiones, etc. Algunas niñas de criterio más amplio abandonan su propio puesto para identificarse con las niñas menos populares o atrayentes.

La infatigable y ansiosa comunicación que mantiene unido a un corro de activas niñas de catorce años constituye una categórica manifestación de psicología social. La comunicación se produce en cuantas oportunidades se presentan al cabo del día —antes y después de las horas escolares—, siempre que se encuentren dos o más niñas. Y cuando no tienen posibilidad de hacerlo, el teléfono se encarga de reunirlas. Ésta es quizá la edad en que tienen lugar las comunicaciones telefónicas más interminables, a veces alegres, otras serias, las menos susurradas. Las conversaciones son puntuadas por risitas, chismorreos y toda suerte de signos auditivos que, pese a parecer totalmente absurdos, no carecen de sentido para las jóvenes personitas que se hallan a cada extremo de la línea. Las grabaciones en alambre serían sumamente reveladoras.

¿Cuánto tiempo pasa en el teléfono? "Todo lo que mamá es capaz de soportar." "Lo más que podemos." Pero Catorce tiene sentido del humor y bien podría ser el autor del siguiente versito que apareció en la Antología Poética de una escuela secundaria:

> El teléfono es un aparato
> útil y bonito
> que empieza en un auricular
> y termina en un jovencito.
> Y como charlar no nos cansa
> por muy largo rato,
> nuestros padres, para su paz,
> clausurarán el aparato.

La charla, por cualquier medio que sea, constituye actualmente el método preferido entre los amigos para explorar la intrincada maraña de la personalidad humana. No se trata en modo alguno de una actividad ociosa. Trátase más bien de una forma instintiva y vocacional de psicología aplicada. Más de una vez la niña A habrá de sugerir progresos y modificaciones concretas en la personalidad de la niña B. Como amigas, analizan sus cualidades confesando y negando cargos, disputando muchas veces. No sólo hablan de sí mismas, sino también de las maestras, de los padres, de los directores, de las estrellas de cine, de los astros del disco, de amigos de la familia, de los parientes y de este o aquel muchacho. "El año pasado solíamos hablar de caballos (¡y de qué modo!), y de los varones casi no nos ocupábamos, pero ahora son el tema principal de conversación." A esta edad, muchos varones no han pensado en absoluto en el casamiento, en tanto que todas las niñas de nuestro grupo de investigación ya habían hecho planes definidos al respecto. Además, las niñas hacen actualmente especial hincapié en los rasgos de la personalidad como los requisitos más importantes de un esposo.

Catorce está lleno de vida, rebosa de energías, exuberancia y expansividad. Es tan optimista con respecto a sus propias posibilidades y al mundo en general que a veces se empantana en sus propias empresas. En ocasiones es víctima de curiosos enredos provenientes de la multitud de intereses e impulsos en que se embarca.

Pero no sería exacto calificarlo de esencialmente impulsivo. Muy por el contrario, tiende a mostrarse realista y objetivo en sus juicios. Revela ya cierta disposición a mirar y considerar las dos caras de un problema. Le gusta razonar. Es capaz de pensar con independencia y de experimentar un placer intelectual en la discusión de un asunto. Su utilización del lenguaje y las inflexiones que efectúa al hablar revelan, sin su conocimiento, el crecimiento de modos de pensar más maduros.

Sobre la base de abundantes registros fonográficos verbales, hemos comprobado que ciertas palabras y frases gozan de mayor aceptación en un nivel de madurez determinado. Dichas expresiones contienen armónicos sintomáticos. Las siguientes frases tomadas de una conversación de Catorce sugieren los nuevos patrones del pensamiento y del carácter que comienzan a emerger:

Por regla general; hoy día; de hecho; necesariamente; ideal; a mi juicio; política; unidad; apreciación; adecuado; en general; reputación; personalidad; adaptado.

Las facultades intelectuales primarias de la mente maduran en diferentes niveles cronológicos. Dos componentes verbales de la inteligencia humana, a saber, la comprensión y la fluidez verbales, maduran según la opinión generalizada en una proporción de cuatro quintos del nivel adulto, alrededor de los catorce años (Thurstone). Nuestros datos coinciden con lo antedicho. Esta zona de madurez presenta signos de un marcado aumento en el racionalismo y el pensar lógico del sujeto.

Catorce comienza a "utilizar su cerebro" de nuevas maneras. A menos que sea de un tipo marcadamente no verbal, experimenta placer al afirmar un nuevo dominio del lenguaje. Los trabajos de composición en el colegio pueden despertarle un genuino interés. Catorce encuentra cierto dejo de triunfo y satisfacción intelectuales cuando pone en uso por primera vez una palabra o frase pertinente en el trancurso de una animada conversación. Estas palabras son fenómenos del crecimiento; no son sólo el mero producto de los reflejos condicionados o el aprendizaje automático. Ellos señalan cambios ocultos, pero refinados, en la organización molecular del cerebro. Las palabras portan y catalizan *ideas* y se expanden en proposiciones, párrafos y períodos.

A esta edad, el niño penetra más hondo en las esferas ideativas del pensamiento. Las palabras le permiten formular los dos lados de una propuesta o elección; le sirven para hacerlo más considerado y controlado en las situaciones emocionales. Contribuyen a ensanchar su perspectiva, permitiéndole ver las cosas en su conjunto. Esta última facultad se halla en agudo contraste con la marcada focalización observada en el nivel cronológico anterior. Sin embargo, debemos recordar que las concentraciones interiorizantes, focales, de Trece configuran una etapa natural de incubación para el desarrollo de los procesos mentales más libres y fluidos de Catorce.

Las características evolutivas de Catorce lo convierten en todo un problema educacional. Considérese su abundante energía, su expansiva cordialidad, la universalidad de sus intereses, su conocimiento de sí mismo y de sus profesores, su floreciente conciencia de los ideales, su creciente comprensión y dominio de las palabras y su exuberante impulso hacia la razón. Estas cualidades, intelectuales, personales y sociales, plantean una serie de cuestiones altamente significativas en cuanto a los métodos educacionales más adecuados. Los problemas básicos se aplican a varones y niñas por igual, ya sea conjuntamente o por separado, aun admitiendo las reconocidas diferencias, tales como el ritmo del crecimiento físico.

El niño de catorce años ocupa una zona de madurez intermedia entre la escuela elemental y la secundaria. Visto con la perspectiva evolutiva, se halla en vías de "superar" decididamente las limitaciones de los grados inferiores. Su maduración mental avanza rápidamente, preparándolo para las clases superiores. Pero en esta temprana fase de transición puede no hallarse todavía en condiciones favorables para satisfacer las exigencias y la competencia de un colegio secundario grande y severo. Es posible que necesite ciertas reformas específicas del sistema educacional para poder materializar plenamente la promisoria capacidad potencial que encierra. Quizá necesite, en particular, una unidad educacional con los controles de un hogar-escuela *(homeroom)* adaptada a este fin. No se trata aquí de una cuestión de blandura pedagógica. Es un medio de proporcionar un marco más adecuado a la vez que un programa más apto para el nivel de madurez básico del grupo y para los patrones de madurez del individuo. Una disposición de este tipo reduciría la competencia excesiva y mal encaminada, colocando a Catorce en un clima educacional más favorable.

La tendencia individualizante de la instrucción, guía y orientación es de peculiar importancia en esta etapa de la carrera adolescente. Aunque el niño posee fuertes puntos de identificación con el grupo, éstos se hallan más que contrarrestados por su insistente interés en sus propias características como individuo. Así, se muestra ansioso por adquirir nuevos conocimientos sobre su propio desarrollo. Se revela en extremo sensible a cualquier sugerencia que arroje luz sobre sus rasgos individuales, lo cual significa que también ha de serlo a la guía interpretativa. Parece percibir el empuje y avance de las fuerzas del crecimiento. "Las cosas han cambiado tanto de un año a otro —nos expresa—, que cada vez es mejor a medida que avanzo."

Su conciencia de las diferencias individuales se extiende tanto externa como internamente. Se reconoce a sí mismo en algunos personajes de las novelas y biografías que lee o que ve en la pantalla del cine o en la vida real. "Ése soy yo —exclama—: ¡soy yo de pies a cabeza!" Como psicólogo en potencia, uno de nuestros jovencitos observó: "Me gusta imaginarme a la gente, ponerme en su lugar y ver cómo siente."

El niño típico de catorce años es feliz y confía en sí mismo. Pero es capaz de autocrítica, debido a sus nuevas y recientes facultades de raciocinio. Le gusta embarcarse en largos razonamientos autónomos, pensando el pro y el contra. Con demasiada frecuencia, tras un examen de sí mismo, decide racionalmente que debe dejar la escuela. Esta decisión bien pensada le plantea nuevos problemas, a él y a quienes desean su bien. Necesita ayuda para encontrarse, la ayuda de un consejo evolutivamente orientado.

El período de los catorce años es favorable para

una revaluación del individuo. Los años formativos de la adolescencia –once, doce y trece– son visualizados ahora con una perspectiva mejor. Si en su sucesión completa muestran marcadas desviaciones de la línea evolutiva y considerables dificultades, será tiempo entonces de trazar planes de largo alcance y de tomar medidas preventivas. Será también el momento oportuno para descubrir y fomentar inteligentemente el talento, las dotes excepcionales y la facultad de mando. Muchos varones y niñas llaman la atención de sus maestros con los primeros destellos de su reciente interés por la ciencia. Del mismo modo, los ideales echan raíces y florecen de un modo desconocido hasta entonces.

En realidad, considerando todos los factores, se llega a la conclusión de que Catorce constituye una especie de punto pivote dentro del vasto ciclo del crecimiento humano. El joven comienza a adquirir conciencia de sí. Es capaz, en grado alentador, de aceptar el mundo tal como lo encuentra. En su forma mejor y más típica, presenta una fina constelación de rasgos potenciales de madurez, trabados en un adecuado equilibrio. Es exuberante y lleno de energías, pero de temperamento razonable (no obstante el volumen de su voz). Posee una buena medida de prudencia y filosofía que a menudo se expresan en rasgos de ingenio y humor. Su lealtad para con el grupo es fuerte y sensible, pero normalmente ésta no perturba sus relaciones personales dentro del círculo hogareño, escolar y social. Tiene muchos amigos. Los comprende cabalmente y experimenta simpatía por los que carecen de popularidad y de suerte.

Su equilibrio emocional ya no es tan precario como antes. Sus actitudes espontáneas lo hacen enormemente educable en la esfera de los valores humanos y de las obligaciones sociales.

Su educabilidad se halla reforzada por una reciente facultad para pensar con proposiciones y lógicamente. Esta aptitud no se ha establecido con gran firmeza en la evolución de la raza. Por lo tanto, se torna particularmente significativa en el desarrollo ontogenético del individuo. La base instintiva de la facultad de raciocinio se pone de manifiesto reiteradamente durante la adolescencia de aquellos individuos dotados de una capacidad intelectual excepcional. Albert Schweitzer narra cómo al cumplir los catorce años le apasionó el placer de buscar la verdad y lo bueno "como en una especie de embriaguez". Sentía "una vehemente necesidad de pensar". Como filósofo, tiene al niño de catorce años en un alto concepto, dedicándole el siguiente elogio: "Si todos pudiéramos convertirnos en lo que éramos a los catorce años, ¡qué cosa tan distinta sería el mundo!"

RASGOS DE MADUREZ

1. Sistema de acción total

Los modos de conducta tensos y retraídos de Trece se han hecho ahora más sueltos. Un cambio profundo ha tenido lugar no sólo dentro de Catorce, sino también en su impacto sobre el mundo que lo rodea. Actualmente parece ser más una individualidad por derecho propio, y capaz de una fácil reciprocidad. Catorce engendra una atmósfera de amistad y desenvoltura. Ya no se siente aquella necesidad de acercársele cautelosamente, de elegir algún método especial para trabar contacto con él, tan necesario un año antes. Ahora, sintiéndose más seguro de sí mismo, el niño es más franco, más extravertido. Ya no está a la defensiva, ya no teme que la gente se inmiscuya en sus asuntos personales, y puede hablar libremente con genuina y agradable soltura, no sólo con otras personas sino hasta con sus propios padres.

En la entrevista, la actitud física de Catorce es tranquila y relajada. La postura es simétrica; la planta de los pies suele descansar sobre el piso. Se observan pocas válvulas de escape o desviaciones del interés por la tarea que tiene entre manos. Escucha bien y responde bien. Tiene a un tiempo deseo y facilidad de comunicación. Aun cuando no hable mucho, su sonrisa revela su interés. Catorce formula comentarios incidentales por propia iniciativa. El examinador también se siente libre para realizar comentarios espontáneos y para responder a las preguntas de Catorce con toda soltura. El niño puede agregar apartes humorísticos y reír de manera agradable y madura. También puede volver el humor sobre sí de manera infantil o expresar un sarcasmo tibio, sin mala intención: "Facilísimo, ¿eh?" (Esta misma expresión en labios de Trece podría haber sido sumamente mordaz.)

Catorce no se precipita para contestar. Puede vacilar cierto tiempo y decidirse a contestar sólo después de algunas preguntas orientadoras: "¡Ah, ya me doy cuenta!" Cuando se le presenta una tarea, la aborda bien y directamente. Le gusta "llegar al fondo de las cosas". Aunque puede dar muestras de cierta irritación consigo mismo no se muestra quejoso y, en caso de tener que darse por vencido, es capaz de hacerlo sin violencia. Incluso la excusa de que "durmió muy poco la noche anterior" tiene cierto matiz humorístico, denotando conciencia de las propias limitaciones.

Uno de los principales problemas de Catorce es el de que a menudo desea incluir demasiado en su pensamiento o planear excesivamente sus actividades. Todo esto forma parte de su nueva expansividad, esa tendencia a abarcarlo todo libremente, que a veces puede sumergirlo en enredos inextricables. Es por esta razón que puede resultarle difícil dar una respuesta, comentando en medio de su tarea: "Esto me va a volver loco". Los nudos y superposiciones que se producen en su vida social obedecen, de igual modo, a su excesivo afán de abarcarlo todo. De esta manera, es posible que Catorce llegue tarde a una entrevista y tenga que irse temprano. En este sentido, necesita que se lo vigile y se le organicen las actividades de antemano.

Catorce comienza a adquirir un nuevo sentido de totalidades más vastas. La movilidad de sus ojos nos da idea de la multitud de procesos mentales que tienen lugar en su cerebro. Su propio concepto y uso de la palabra *personalidad* nos sugiere que ha empezado a juzgar a los demás desde un punto de vista más comprensivo.

Salud

La salud de Catorce con frecuencia no es simplemente "buena" sino "realmente maravillosa". Falta muy poco a la escuela por causa de enfermedad; incluso puede concurrir aunque esté resfriado. Pocos niños tienen el "hábito" de enfermarse, como puede haberles sucedido a los once y doce años y, algunas veces, también a los trece. En realidad, ahora pueden llegar al extremo opuesto de sobreponerse a una enfermedad en caso necesario. Un niño estaba dispuesto a padecer un poco de asma con tal de no desprenderse de su perro, que le producía alergia.

Válvulas de escape

Catorce puede conservar unos pocos resabios de antiguas válvulas de escape, pero sólo en forma incidental. Algunos pueden comerse las uñas, pero sólo en situaciones sumamente intensas como, por ejemplo, la contemplación de una película de suspenso. Pueden producirse algunos dolores de cabeza cuando Catorce no logra adaptarse a las exigencia de su medio, o a la inversa. De tanto en tanto puede aparecer un niño precedido de una larga historia de tensiones nerviosas, cuyas manos tiemblan hasta tal punto que en ocasiones le resulta imposible tocar el piano. Pero esos casos son excepcionales.

Visión

Visualmente, Catorce suele hallarse en buenas condiciones. Sus ojos pasan los tests corrientes de habilidad visual (fusión, supresión, estereóptica, visión útil, aptitud para centrar). Sus movimientos oculares para seguir un objeto en movimiento son buenos. A los catorce años el niño tiende hacia un grado más estable de hipermetropía. A menudo son los niños de catorce años con una visión teóricamente perfecta ("20/20") y una escasa hipermetropía los que se quejan de que los ojos les molestan, especialmente cuando leen. En estos casos puede convenir una reducción en el programa de lecturas para aliviar los síntomas, aunque las exigencias escolares no siempre pueden permitirlo. Entonces Catorce necesitará una ayuda visual —lentes o ejercicios— para reconstruir la flexibilidad de que carece. Por lo general se halla bien dispuesto y coopera mejor que a los trece años o a los quince para llevar a cabo un programa de ejercicios.

Catorce combina mejor que en épocas anteriores sus mecanismos de fijación y focalización. Sus respuestas se parecen más a los patrones adultos y corrientes y es posible predecir en forma más exacta que antes cómo habrán de reaccionar los ojos en determinadas situaciones de prueba.

Con excepción de aquellos que tienen una hipermetropía muy baja, los niños de catorce no se quejan tanto de dificultades visuales cuando leen como a los trece. Sin embargo, a menudo sus lecturas son menos variadas. Aparte de la requerida por los estudios, la lectura suele circunscribirse al reino de las revistas.

Catorce se muestra más seguro y dogmático en su deseo de no usar anteojos aunque se sienta dispuesto a "acceder, si es necesario". Pero si se le da opción, Catorce preferirá los ejercicios con tal de no usarlos. Aun aquellos que sufren de miopía y tienen verdadera necesidad de ponerse anteojos, se esforzarán por llevar a cabo un programa de ejercicios visuales, a fin de depender menos de aquéllos y poder prescindir de su ayuda en ocasiones. La motivación de estos esfuerzos y este deseo de mejorar les nace de su interior y no es en modo alguno impuesta por los demás, como en edades anteriores.

Desarrollo físico y conciencia sexual. Niñas

Aunque todavía se observan marcadas diferencias en el ritmo de crecimiento, la silueta de una niña de catorce años parece más típica de una mujer joven que de una niña. El crecimiento en la estatura alcanza casi su máximo durante este año; después de cumplidos los quince años son pocas las niñas que agregan más de una pulgada a su estatura. También el crecimiento en peso ha aminorado, si bien éste puede continuar, naturalmente, hasta mucho después de haber cesado el crecimiento en altura. Los rasgos de madurez se aproximan ahora a los de la adulta joven. Los pechos tienen casi el tamaño adulto y el vello de la región del pubis es abundante y denso.

Sin embargo, pese a toda su suavidad femenina, las formas de muchas niñas de catorce dan cierta impresión de fortaleza. El rostro y el cuello parecen más fuertes. Y el rellenamiento de todos los huecos sugiere un todo más compacto, aun en las niñas más delgadas.

Son poquísimas las niñas que a esta edad no han menstruado todavía. La mayoría ya ha alcanzado cierta regularidad en sus períodos. La mayor parte se ha hecho consciente de ciertos síntomas premenstruales que se manifiestan un día o dos antes del flujo. Pueden tener retortijones y dolores en la espalda, o simplemente un estado general de tensión emocional y nerviosidad. El proceso mismo puede ir acompañado de ligeros retortijones y algunas veces pueden llegar a sentirse tan mal que necesitan recostarse una hora o más. Un contado número puede sentir mareos e inapetencia, absteniéndose de una o dos comidas. (Frecuentemente éstas son las niñas que sufren una característica influencia de las excitaciones emocionales.) En el otro extremo, están las niñas que no sienten ningún síntoma o dolor y cuyas actividades ordinarias no se ven perjudicadas en lo más mínimo.

El ciclo menstrual comienza a adquirir una mayor regularidad, aproximándose a los 28 días, aunque en algunos casos puede ser más largo (45 a 50 días). El flujo menstrual puede durar cinco y hasta seis o siete días. Las niñas de catorce tienden a usar toallas higiénicas en abundancia, frecuentemente –según las madres– más de las necesarias. Sin embargo, no es éste el momento de economizar. Siempre debe tenerse a mano una abundante provisión, de modo tal que por lo menos este aspecto de la adaptación de Catorce a su nueva función de madurez sexual se haga más fácil.

Las niñas pueden sentir ya implicaciones físicas concretas en respuesta a los varones. A esta edad pueden expresar que sienten como un "vértigo" o como si "dieran vueltas", en la intensidad de sus sentimientos. Éstos pueden ser confusos para Catorce, a quien le cuesta captar la naturaleza o el origen de estas sensaciones emergentes, pero todavía sin una configuración precisa.

Desarrollo físico y conciencia sexual. Varones

Los catorce años parecen constituir una zona de transición para la mayoría de los varones. A los trece, pese a los flamantes rasgos de madurez, la mayoría parecían niños todavía, mostrando más afinidad con su personalidad de los diez años. A los quince, la mayor parte parecerán hombres. Pero a los catorce se hallan lejos todavía de la madurez en su desarrollo total, aunque parecen haber transpuesto cierta línea demarcatoria. Claro está que en la práctica esta "línea" puede ser cruzada a los trece o antes, a los quince o después. Pero la mayoría de las veces parece ubicarse en una zona intermedia entre los catorce y los quince años.

A los catorce, el aumento de tamaño se hace notorio en casi todos los varones. Es éste el período de mayor rapidez en el aumento de la estatura para el mayor número de niños. Al mismo tiempo, el cuerpo parece presentar una musculatura más maciza. El período de obesidad adolescente es cosa ya superada para la mayoría de los niños que lo padecieron alguna vez. El físico más desarrollado, aparte de los rasgos de madurez recién adquiridos, da una fuerte impresión de virilidad adolescente.

El vello de la región del pubis se ha hecho bastante denso y más oscuro en la mayoría de los varones. El vello de los antebrazos y pantorrillas se ha hecho más espeso y las patillas han comenzado a alargarse. El ahuecamiento de la voz se ha hecho más perceptible. El cambio de voz puede producirse lenta y gradualmente a través de un proceso en el cual se mezclan las dos voces, o bien repentinamente. Cuando el cambio se produce en esta última forma, en un primer momento puede tomarse por un resfrío. Es como si a Catorce le sobreviniera una ronquera que no lo abandona más. Con este súbito cambio de voz (que sólo se da en una minoría de casos), suelen producirse agudos cambios subsidiarios. La falta de conciencia de sí mismo puede dar paso a una extrema modestia, casi como si el cambio de voz despertase en el adolescente una impensada conciencia de su propia madurez sexual.

Los progresos genitales que ya se habían hecho visibles a los trece años se han intensificado considerablemente en muchos niños de catorce. Al finalizar este año, la gran mayoría habrá experimentado la eyaculación en una u otra situación. Con mucho, la fuente más común de esta primera eyaculación es la masturbación, fenómeno conocido y experimentado desde los once años por la mayoría de los niños. Muy pronto, después de la primera experiencia eyaculatoria, casi todos los varones desarrollan un patrón individual de actividad sexual más o menos uniforme.

Pueden comenzar a producirse poluciones nocturnas en el período que precede inmediatamente a los catorce años, aunque muchos varones no las experimentan hasta ya avanzada la adolescencia. Los distintos niños responden en forma muy diversa ante esta experiencia. Por fortuna, hoy día la mayoría de los niños se hallan en conocimiento de la frecuencia de este fenómeno y no es muy probable que los afecte; pero aun así, algunos sienten vergüenza y esconden sus pijamas, en tanto que otros lo toman naturalmente, como un aspecto más de la vida.

Los varones en general muestran un interés definido por las niñas. En cierto modo no parecen mostrarse tan alterados por la proximidad de las niñas como éstas por la de los varones, aunque pueden sonrojarse si una niña los llama en voz alta por la calle.

Catorce es la edad apropiada para impartir una ulterior educación sexual, pues el niño, aparte de necesitar, se halla ansioso por adquirir estos conocimientos. Pueden usarse las mismas películas aconsejadas para el sexto grado, pero deben ser presenciadas separadamente por niñas, varones y padres. Es sorprendente el cambio operado en tres años solamente y lo distinto de la actitud con que son presenciadas las mismas escenas. La exhibición de estas películas suele provocar una andanada de preguntas, especialmente por parte de las niñas. Por lo general les resulta más cómodo formularlas indirectamente por escrito, que oralmente. Las preguntas se refieren a muchos temas distintos, pero la mayoría de ellos son personales y directos. Aparte de la información solicitada acerca del desarrollo sexual individual, incluyendo la fisiología y el funcionamiento de las partes sexuales, muchas preguntas se refieren a la cópula, tanto premarital como marital. También son debatidos temas tales como el control de los nacimientos, las enfermedades venéreas, la prostitución y la homosexualidad. Catorce no sólo desea informarse sobre estos temas, sino que quiere discutirlos hasta poder realizar cierta estimación de los mismos.

A esta edad, los niños procuran hallar su propio camino, establecer cómo sienten y decidir qué sendas son las mejores para ellos. La mejor forma de hacerlo es sobre la base de una información exacta, impartida dentro del marco de una filosofía compatible con su propia sinceridad. Desgraciadamente, con demasiada frecuencia son librados a sus propias decisiones en una época en que no se hallan adecuadamente preparados para ello. Es el adolescente carente de estos conocimientos el que con más probabilidad puede verse en dificultades. Por ejemplo, una niña de catorce años, con su expansividad y su preferencia por muchachos mayores, puede resultar vulnerable en más de un caso. En circunstancias extremas puede producirse un embarazo, bien por carecer totalmente de información al respecto, bien por una excesiva licencia concedida en la vida social. Los padres deben a un tiempo informar y proteger a sus hijas —no prohibiéndoles salir con muchachos o poniéndoles trabas irracionales, pero sí ayudándolas a desarrollar inhibiciones razonables y a comprender la necesidad de controlarse cuando no están preparadas todavía para afrontar las consecuencias de sus acciones.

Carentes de información, muchos niños de catorce años no saben cómo elaborar los controles necesarios ni comprenden siquiera por qué necesitan elaborarlos. Con la libertad para salir juntos que actualmente les damos a nuestros hijos, necesitamos por lo menos armarlos de conocimientos, ayudarlos a sentirse seguros de su propio autodominio. Es también al padre a quien toca juzgar el grado de responsabilidad que es capaz de afrontar su hijo. Si el niño no es responsable, entonces deben imponerse otros controles exteriores, ya sea que provengan de los padres o de la sociedad.

2. Cuidado personal y rutinas

Alimentación

Catorce comienza a penetrar en la esfera más adulta de la estética de la alimentación, del goce de comer. Todavía ostenta un excelente apetito, especialmente si tiene inclinaciones deportivas; pero en general este apetito se halla bien controlado. Actualmente es particularmente consciente del olor de la comida, ya sea que le atraiga o que le disguste. Así, puede repugnarle el fuerte olor de un guiso húngaro, en tanto que el aroma desprendido de los alimentos cocinados en el fuego de un campamento puede despertarle un enorme apetito. También es consciente de la consistencia de los alimentos. Por ejemplo, puede deberse a su consistencia pegajosa que la manteca de maní le disguste a algunos niños de catorce. Y puede ser la firme consistencia de una manzana la que provoque su deleite.

Catorce todavía come entre comidas, especialmente después de la escuela. Sin embargo, no experimenta ya esa urgencia de comer que tenía a los doce años. En estas ocasiones le viene bien cualquier alimento que haya en las proximidades, especialmente si es fruta. Actualmente es menos probable que coma antes de acostarse. Suele decir que es demasiado haragán para prepararse un refrigerio antes de acostarse; pero lo que sucede en realidad es que su apetito ha disminuido. Y en caso de que coma antes de acostarse, nos declara que de ningún modo "se trata de un festín".

Frecuenta el *drugstore,* pero ello puede deberse tanto a un afán de sociabilidad como de comer. A los catorce se observan, sin embargo, los dos extremos, esto es, los golosos y los no golosos. Los primeros tienen que luchar consigo mismos para limitar el número de *sundaes* pedidos, aunque felizmente el agotamiento de sus fondos individuales suele ayudarles a resolver el problema. Los no golosos tienden a beber una gaseosa, prefiriendo alguna fruta a *sundaes* y caramelos.

La hora de las comidas puede ser un momento muy agradable para Catorce y su familia. Éste tiene preferencias y hay algunos alimentos que le disgustan, pero son los menos. Algunos niños prefieren los pasteles a las tortas. El preferido es el pastel de manzanas, que ha llegado a constituir un renglón tan importante de la cultura gastronómica norteamericana. A un varón de catorce años se le oyó decir: "Me gustaría sentarme y comerme un pastel de manzana entero; pero claro que lo más probable es que me enferme". Catorce ya tiene conciencia de sus limitaciones digestivas.

Todavía se producen algunas quejas con respecto a los modales del niño en la mesa, pero en su mayoría se refieren al hecho de que colocan los codos sobre la mesa. Es posible que Catorce utilice los dedos para empujar la comida, pero esto puede remediarse fácilmente. En general, la actitud de los padres con respecto a los modales de Catorce en la mesa no es quejosa y puede resumirse con la siguiente observación de una madre: "Todo lo que cabe esperar".

Con el aumento de estatura sobreviene un adelgazamiento general. Actualmente se hace menos perentoria la necesidad de regímenes dietéticos. Siempre existen, por supuesto, esos pocos —especialmente las niñas— que se pasan procurándose bocaditos aquí y allá, sobre todo cuando están aburridos. Pero en general Catorce no presenta ese tremendo interés por la comida que tenía en épocas anteriores, especialmente a los doce años. Cocina menos que antes y, por regla general, sólo cuando tiene que hacerlo. Es posible que ya no prepare el desayuno los sábados y domingos. Pero tiene fe en su capacidad para cocinar y todavía le gusta mirar cuando otros lo hacen. Algunas niñas, sin embargo, siguen practicando el arte culinario. Es probable que Catorce declare que "le gusta cocinar no tanto por la cocina misma como por el goce de ver a los demás disfrutar de ella". Se observa ya una encomiable veta de altruismo en la vida de Catorce.

Sueño

Hora de acostarse. — Catorce es dueño y señor de su sueño. Como dijo uno de ellos, "habitualmente me acuesto por mi propia voluntad; ya sé lo suficiente para irme a dormir por mi cuenta". La hora de acostarse oscila entre las nueve y las once, siendo la más común entre las nueve y media y las diez. Cada uno de los niños parece tener, además, su propia variación individual de cerca de una hora. Por lo general se mantiene atareado con sus deberes hasta la hora de acostarse. Puede escuchar la radio o leer algo una vez que se acuesta. O bien puede dejarse apoderar de algún ensueño, pensando en el futuro cercano o en el presente. Pero lo más probable es que se duerma en seguida.

Dormir. — La mayoría de los niños nos dicen que sueñan pero también que suelen olvidar sus sueños al despertar. Cuando los recuerdan, suelen declarar que no "tienen mayor interés", que son "perfectamente lógicos" y "nada más que incidentes". Lo más común es que cuenten a la hora del desayuno lo que han soñado, comprobando que "en general a la gente le interesa bastante conocerlos".

Hora de despertarse. — Existe un amplio margen para ello, pudiendo constituir un índice de la personalidad. Los hay que parecen necesitar muy poco sueño, los que se acuestan tarde y se levantan temprano. Por lo común se trata de niños que llevan una vida intensa y a quienes nunca les alcanza el tiempo para hacer todo lo que quisieran. También los hay que comienzan a establecer una rutina. Éstos se despiertan sistemáticamente, por ejemplo, a las siete en punto. Les gusta contraer un hábito. Otros se ven forzados a establecer este mismo hábito mediante el recurso de un despertador. Y, por fin, también están los perezosos que siempre remolonean diez o quince minutos antes de levantarse. A estos últimos hay que llamarlos no una, sino dos o tres veces. Afortunadamente los sábados y domingos, y también durante las vacaciones, duermen hasta el mediodía. De vez en cuando conviene permitirles este exceso a fin de que no les resulte tan difícil levantarse temprano cuando deben hacerlo.

Aseo personal

Cuando los padres se hallan en condiciones de decir: "Ya ha llegado a la etapa higiénica", es porque a los catorce, si no los varones, las niñas por lo menos son responsables de su propia higiene. Si bien la mayoría de las niñas se bañan día por medio o dos veces por semana, un número cada vez mayor lo hace todas las noches. Cuando no les alcanza el tiempo o están demasiado cansadas para hacerlo, no se sienten a gusto.

Los varones no alcanzan este alto nivel de higiene. En realidad, a muchos de ellos todavía es necesario recordarles que se bañen, y de algunos se dice, incluso, que "son alérgicos al jabón". Con suma frecuencia, también es necesario recordarles que se laven las manos antes de comer, y además cuando se bañan suelen hacerlo en forma deficiente. Por fortuna, las duchas después de las prácticas deportivas tornan menos imperativo el baño en la casa.

Con demasiada frecuencia muchos varones se acuerdan de lavarse por la mañana, después de haberse vestido. Así, recuerdan repentinamente, después de haberse puesto una camisa impecablemente planchada, que todavía no se han lavado la cara. Entonces van al baño y se prodigan agua copiosamente, echando a perder toda la belleza de la camisa, que con tanto cuidado les lavó y planchó la madre. Todavía son perfectamente capaces de olvidarse de lavarse el cuello.

El lavado y cuidado del cabello ya no constituye la carga de otras épocas. Las niñas pueden necesitar todavía cierta ayuda para enjuagárselo, en ocasión de su lavado semanal. Algunas no necesitan lavárselo más de una vez cada quince días, pero otras de cabello más graso necesitan lavárselo con más frecuencia, con intervalo de cuatro o cinco días. Las niñas de catorce suelen enrularse el cabello con rizadores o ruleros.

Los varones se cuidan el cabello satisfactoriamente, incluyendo su lavado, y la mayoría se lo hace cortar por propia iniciativa cada quince días, aunque en algunos casos los padres todavía tienen que luchar para conseguir que vayan a la peluquería. Un corto número de varones ya comienza a afeitarse. Esta tarea es llevada a cabo con el mayor secreto, alrededor de dos veces por semana.

Las uñas ya empiezan a incorporarse a la esfera del cuidado personal de Catorce. Es posible que algunas veces haya que recordarle aún su cuidado, así como también el de los dientes, pero en general se desmpeña bastante bien.

Ropas y cuidado de la habitación

A los catorce, el niño se ha ganado algunos cumplidos de la madre: "Es muy prolijo para la ropa", "la cuelga casi siempre", "es muy cuidadoso" y "siempre está bien arreglado".

Y en verdad, Catorce se merece estos elogios pues la ropa ha comenzado a interesarle. Ante todo, le gusta la variedad. A los varones los entusiasman las camisas y las chaquetas *sport*. Algunos, de espíritu conservador, se inclinan por la camisa blanca, los pantalones y el saco del mismo color y una corbata de diseño sobrio, en tanto que otros parecen alimentar exóticas preferencias, eligiendo trajes de color violeta, corbatas agresivas de tonos brillantes y camisas estampadas. Las niñas suelen discrepar con el gusto de la madre y ser conscientes de ello, ya se trate de vestidos de calle o de fiesta.

Ambos sexos saben perfectamente las ropas que necesitan. Parecen comprender cuál ha de ser la estructura de un guardarropa completo. A esta edad, los varones comienzan a tener conciencia de la necesidad de un sobretodo. Si pudieran, algunas niñas se extralimitarían fácilmente en la adquisición de ropas, especialmente de polleras. Por extraño que parezca, son las niñas que poseen un guardarropa más amplio y variado las que con más frecuencia se quejan: "¡no tengo qué ponerme!"

La elección y compra de ropas ya no es tan difícil para Catorce. Se hace cargo de las compras pequeñas —ropa interior, medias o zapatos— pero cuando se trata de algo más mportante le gusta que uno de los padres lo acompañe. En general se observa un acuerdo bastante grande entre los gustos de padres e hijos, a menos que sus preferencias fundamentales difieran en esencia. Entonces puede existir un "grave desacuerdo". Y por esta época la madre ya ha aprendido o debería haber aprendido que si a su hija no le gusta un vestido no habrá de ponérselo, y que lo más probable es que las ropas adquiridas sin consultarla vayan a parar a una percha del ropero, sin ser usadas.

Un corto número de niños puede pedir y recibir una pequeña cuota para ropas. Sin embargo, son poquísimos los niños capaces de ajustarse satisfactoriamente a un presupuesto fijo. Comúnmente lo más fácil es que Catorce pierda la noción de sus gastos y no tarde en fundirse.

El cuidado de las ropas demuestra una creciente responsabilidad. Catorce declara, de hecho, que "tenemos un ropero donde colgamos la ropa de calle cuando volvemos a casa", como si en años anteriores no hubiera existido dicho ropero. Demuestra más cuidado con las ropas mejores, pero todavía puede resultarle algo dificultoso el uso adecuado de las perchas. Es probable, incluso, que evite utilizarlas, apilando una prenda sobre otra en un solo gancho, hasta producir el efecto —según un padre— de un "jorobado".

Actualmente tiende más que antes a informar cuando se produce una rotura en sus ropas o se le cae un botón, siendo capaz, incluso, de remediar por sí mismo estas dificultades. Por extraño que parezca, el número de varones que se remienda la ropa y se pega los botones no es menor que el de las niñas.

La acumulación de la ropa sucia en una pila o dentro de un cesto ha comenzado a ser hábito y el primero puede llegar a ser bastante considerable, especialmente si el niño se cambia de camisa todos los días. Algunos pueden aliviar el problema del lavadero, lavando y planchando sus propias camisas. También pueden ser sumamente hábiles para marcar la raya de los pantalones o planchar las polleras. En general, Catorce sabe qué ropas necesitan una limpieza a seco y suele ser el que más gasta de la familia en tintorería. Pero no es raro ver a un varón de catorce años con una impecable camisa recién planchada y, al mismo tiempo, con manchas evidentes en los pantalones de las cuales parecería no darse cuenta. Ahora se ocupa más que antes de lustrarse los zapatos, pero su cuidado todavía necesita la supervisión de los padres.

La mayoría de los niños mantienen su habitación bastante bien arreglada. A muchos les gusta, incluso, tener una pieza prolija. Catorce todavía tiende a dejar las ropas diseminadas, pero de tanto en tanto las recoge y guarda. Ya no le interesa tanto decorar las paredes con gallardetes e ilustraciones y es posible que saque muchos de los adornos que tanto placer le causaban a los doce y trece años. Las niñas que tienen pasión por un astro de cine determinado, pueden tomarlo por tema central de su decorado, colocando estratégicamente en las paredes y hasta en el techo, fotos tomadas desde distintos ángulos. Algunos niños, al igual que un año antes, suelen pasar bastante tiempo en sus habitaciones. Pero en general, Catorce sólo la utiliza para dormir y estudiar, prefiriendo leer en medio del grupo familiar. Aun aquellos niños incapaces de mantener ordenada la pieza, suelen arreglarla parcialmente, en particular si se trata de su escritorio. Pero Catorce tiene cierta tendencia a dejar los libros desparramados por cualquier parte. El mejor estímulo para apremiarlo a limpiar y ordenar su habitación es la idea de que van a llegar visitas o simplemente una limpiadora. Por fortuna, ya es consciente de lo que pueden pensar de él los demás. Es posible que trate de pasar por alto la tarea de hacer la cama, especialmente al finalizar la semana, pero con la semana entrante se produce un especie de renovación de sus energías.

Dinero

Actualmente los padres sienten más de lleno el impacto de lo mucho que cuesta la crianza de un niño, especialmente a esta expansiva y exigente edad. La cuota semanal de un dólar, más los gastos extras, que totalizan unos dos dólares, puede resultar insuficiente. Pero dada la creciente exigencia de sumas adicionales, especialmente para la adquisición de ropas en el caso de las niñas, es sumamente difícil fijar una cuota mensual. Algunas familias encuentran más simple abandonar la cuota y proporcionar el dinero de acuerdo con las necesidades del chico. Este método resulta más fácil con aquellos niños que tienen más conciencia del dinero y de las posibilidades de su familia. Pero en el caso de aquellos de gustos refinados y poca disposición a ganar dinero para pagarse estos gustos, la tarea se hace más ardua. Su idea del dinero puede ser sumamente infatuada y es posible que constituya el tema de discusión más frecuente con los padres, especialmente con el padre. En estos casos, es necesario fijar límites estrictos y atenerse a los mismos. Aquellas niñas a quienes les gusta vestir bien necesitan tener una cuota para su ropa, no para que puedan darse todos los gustos, sino por el contrario, para mantenerlos dentro de límites adecuados.

A los catorce, el niño es más desprendido que en épocas anteriores. Cierto número gasta el dinero a tontas y a locas, llegando al fin de la semana sin un solo centavo de su cuota. Pueden comprarse buenos libros y discos, pero casi nunca tienen dinero contante y sonante.

Sin embargo, las sumas de dinero ganadas por el niño son cada vez mayores. Los trabajos desempeñados durante el verano suelen producir cerca de cincuenta dólares, que pueden ser depositados en el banco para obtener intereses.

Trabajo

Catorce advierte su propio cambio de actitud hacia el trabajo. Se acuerda de lo terrible que era dos años atrás, en este sentido, y siente que "ahora tiene una excelente disposición" para ello. Es capaz no sólo de hacer las tareas domésticas voluntariamente, sino hasta automáticamente. Y aun aquellos menos dispuestos a trabajar suelen darse cuenta de que no actúan en conformidad con su edad.

Actualmente, las niñas han extendido considerablemente sus actividades en el hogar. Barren y limpian, lustran los metales y son capaces de hacer la limpieza entera de la casa. También son capaces de plancharse sus ropas.

Los varones no sólo lavan el auto de la familia, sino que también pueden cambiar una goma pinchada y hasta mantenerlo en buenas condiciones mecánicas. Algunos comienzan a hacer tareas de adultos como, por ejemplo, la de podar el cerco o encender el fuego.

Los trabajos regulares son desempeñados por lo general en el verano y pueden consistir en ayudar en un taller, garaje o comercio. Las tareas de guardería pueden ser desarrolladas durante meses enteros. Pero lo más frecuente es que Catorce no disponga del tiempo necesario para desempeñarse regularmente en un trabajo dado, aparte de que todavía no se halla maduro para cumplir con exigencias fijas.

3. Emociones

Las primeras angustias agudas de lo que suele identificarse con la conducta adolescente –tan elocuentemente manifestadas en el retraimiento y susceptibilidad de Trece– ya han sido superadas. Los catorce años traen consigo una nota nueva y jocunda. Los padres ya no necesitan emplear todo género de cautelas para establecer contacto con sus hijos e hijas "patéticamente irritables". La atmósfera se ha aclarado; ahora se oyen risas y cantos en la casa –olvidados durante tanto tiempo– aun por la mañana. Y en verdad, Catorce ha dado un viraje hacia mejores patrones de conducta. A Catorce le encanta vivir. Como dicen los padres, "está lleno de vida", "vive plenamente". En los casos de aquellos niños menos exuberantes, nos dicen que "en general es alegre", o "feliz a la manera adulta". Es la nota agradable de su voz, el giro humorístico de una frase, lo que lo hace ahora tan agradable para la convivencia.

Claro está que esto no significa que su conducta sea siempre positiva. En realidad, parece presentar dos caras distintas: "aunque es alegre, a veces se enfurruña", aunque "no se toma las cosas a mal, es irritable y crea dificultades por insignificancias", aunque es "terriblemente feliz" en ocasiones, el niño de esta edad a veces se sume en la "depresión más profunda".

Pero en general goza de la vida y de sí mismo. Se da cuenta de que a medida que crece "la vida se hace más complicada, pero mucho más divertida". Avanza junto con la vida y exclama: "cada vez es mejor, a medida que crezco". Actualmente se halla preparado para aceptar sus responsabilidades adicionales y se da cuenta, asimismo, de que hay ocasiones en que todo el mundo "se aluna".

Estas lunas no son frecuentes, pero cuando se producen es necesario tratar de superarlas. Son nudos interiores que producen estallidos de ira violenta o llantos desconsolados que no se hallan de acuerdo con las respuestas usuales de Catorce. Cuando se producen estas explosiones, es de suma importancia que el padre o la maestra averigüen qué hay detrás de esa súbita manifestación de violencia, por lo común completamente desproporcionada al estímulo. Podría descubrirse, por ejemplo, que Catorce no anda bien en sus estudios y necesita la ayuda de alguien. Es sorprendente lo fácil que resulta descubrir las dificultades de Catorce y ayudarlo a resolverlas .

Catorce suele experimentar momentos de "plena felicidad". Por lo general se producen cuando no está en la escuela, aunque puede proporcionarle una intensa satisfacción el hecho de figurar en el cuadro de honor o de que su equipo triunfe. Pero es su vida social —salir con un amigo del sexo opuesto, estrenar un traje, ir a un picnic— la que le procura los mayores motivos de felicidad.

Los estados de ánimo dichosos superan holgadamente los sombríos. Más que triste, Catorce suele sentirse irritado o malhumorado. Este mal humor puede desplazarse hacia una cavilación o depresión más activa. Pero no suele permanecer mucho tiempo en estos estados de desazón. Así, pues, cae de vez en cuando en las profundidades, pero rebota con bastante rapidez.

Catorce muestra menos inhibiciones que antes con respecto a su temperamento, y suele enojarse con rapidez, aunque con poca frecuencia. Sus arranques son breves y explosivos, y se hallan dirigidos especialmente contra los hermanos. Es capaz de desbordar repentinamente delante de otras personas, en tanto que a los trece se controlaba mejor, retirándose a su dormitorio. Actualmente, aunque se retire a su pieza no lo hará sin dar un estruendoso portazo. A Catorce no le gusta tener las cosas guardadas. Cuando está enojado o "furioso" con uno, no tarda en hacérselo saber. Tiende a gritar, sobre todo a sus hermanos, y también a decir malas palabras (aunque por lo general cuando está solo). Sin embargo, es menos probable que llegue a las manos, salvo en el caso de que la rencilla sea con sus hermanos. Si se irrita con la maestra, es capaz de contenerse y quedarse callado. Otro tanto ocurre en el caso de sus padres.

El llanto no es común a los catorce años, pero cuando se produce, por lo general hay detrás de éste una razón poderosa. Las más de las veces llora cuando está irritado o en una de sus depresiones. El llanto no hace necesariamente que Catorce se sienta mejor. Más bien revela el estado subyacente que lo ha provocado. Muchas veces puede ser una llamada de auxilio y no debe tomárselo a la ligera.

A los catorce, el niño no es verdaderamente miedoso, pero puede experimentar una cantidad de temores diversos. Es casi como si cada niño tuviese su miedo personal que emerge a la superficie. Algunos les tienen miedo a las cucarachas, a las arañas, a las abejas y a las polillas. Un número bastante considerable de varones y niñas les tienen miedo a las serpientes. Algunos temen a los lugares elevados, a las aguas profundas, a quedarse solos en la oscuridad, a perderse en los bosques, a caminar sobre un fondo blando y resbaladizo cuando están en el agua, etc. Temen sentirse embarazados, temen a la gente, tienen miedo de quedar "relegados", de la maledicencia social, de "lo que va a suceder" o "del cariz que tomarán las cosas". A esta edad, la experiencia puede poner fin a estos temores. La lectura de *Hiroshima* disipó el miedo que tenía una niña a las bombas atómicas; el hecho de haberse perdido realmente en un bosque y haber encontrado la salida puso término al miedo que tenía un varón de extraviarse en el monte.

Las aflicciones y preocupaciones presentan ahora la misma cualidad que el temor. Catorce ya no se preocupa tanto como a los Trece, pero a veces tiene sus preocupaciones individuales. Un corto número de niños declaran que están demasiado ocupados para preocuparse. Un gran número se aflige por las tareas escolares: hacer los deberes, obtener buenas notas, aprobar los exámenes. A otros les preocupa llegar tarde a clase. En la esfera social, se preocupan por obtener amigos, si no los tienen, y por los amigos si los tienen. Les preocupa saber la impresión que producen en la gente y si su festejante les durará o habrá de dejarlas; les preocupan las relaciones con su familia y la popularidad de que gozan. Les aflige su reputación, la falta de ambiciones o las enfermedades que puedan contraer. Pero aunque la lista es larga, las preocupaciones de Catorce no lo absorben más que sus temores.

El análisis de los principales problemas de Catorce demuestra que las cosas no lo trastornan demasiado. Su problema principal es el de su conformación física: el ser demasiado gordo, demasiado bajo o demasiado alto. También puede referirse a alguna tarea escolar (especialmente los exámenes) o puede estar comprendido en la esfera social. Pero aun cuando se queja —como hizo un varón con referencia a una hermanita de once años que le ponía los nervios de punta, impidiéndole concentrarse— agrega: "pero no me importa demasiado". Y aunque Catorce se queje de no llevarse muy bien con sus amigos, es probable que concluya expresando: "Pero me llevo mucho mejor que antes".

A Catorce no le da vergüenza manifestar sus sentimientos. Todavía puede disimularlos, pero en general es franco y le gusta que la gente sepa cómo siente. Catorce está hecho de una fibra más dura que Trece. Ya no es tan vulnerable como un año atrás. Acusa el impacto de las demás personas y puede sentirse herido en sus sentimientos; pero es capaz de pasarlas por alto o tratar de olvidarlas. Puede devolver el golpe en seguida con unas pocas palabras, o bien puede posponer el desquite hasta una ocasión más oportuna. Pero demuestra una mayor tendencia a no tomarse las cosas a pecho —"Y con eso qué"—, a tomarlas a broma y a reírse de ellas.

Cuando se le pregunta si alguna vez siente celos o envidia, replica con soltura que "no es realmente celoso" o que "sólo en cierto sentido". Así, puede desear gozar de los privilegios de alguna otra persona: "ir a bailes", "tener más libertad". A veces quisiera tener la misma popularidad que algunos de sus amigos. O tener la oportunidad —como algunos de sus amigos— de trabajar en una granja y manejar un tractor. Pero cuando se detiene a reflexionar en ello, comienza a darse cuenta de que su suerte no es, al fin y al cabo, tan mala, sino que es "bastante afortunado", que "tiene tantas diversiones como cualquiera", y que realmente no tiene el menor deseo de trocar su lugar con el de ninguna otra persona ("¿Yo? ¡No!"). Casi se lo puede oír y sentir cuando se apresura a volver sobre sí mismo, diciendo: "Cuando me pongo a pensar, ¡estoy tan contento de ser yo mismo!"

Con esta satisfacción respecto de su propio ser, Catorce se halla en condiciones de afrontar cualquier competencia con una disposición distinta de la prevaleciente a los once años. Entonces, su amor propio era casi enfermizo, exigiéndole ganar a toda costa. A los catorce, le gusta competir pero de una manera distinta. A los catorce le gusta competir en aquellas actividades en que se destaca, y con más frecuencia en los deportes que en los estudios. Sobre todo, desea desempeñarse bien. Si gana, tanto mejor. Lo que lo hace especialmente feliz es que triunfe su equipo.

Es su toque ingenioso, ligero, el que hace más entretenido a Catorce, por lo menos en aquellos momentos en que ejercita su talento. A esta edad, la elección de los regalos puede sufrir la influencia de esta reciente aptitud. (Para el cumpleaños del padre, por ejemplo, la grabación de "Es más tarde de lo que crees"). Catorce trata de alcanzar lo intangible, procurando compartir un nuevo tipo de experiencias. Cuando constituye clubes imaginarios y los bautiza con algún título significativo "Club de los cráneos unidos", o "La oveja negra", es la experiencia común de los miembros del grupo lo que les permite disfrutar del significado humorístico de dichas designaciones. Sin necesidad de explicación alguna, saben perfectamente que los charlatanes pertenecen al primero, y al segundo los que reciben las críticas de los adultos.

4. El yo en crecimiento

En esta época, cabe esperar que la parte más intensa del trabajo interiorizante de Trece ya haya sido cumplida. El proceso reflexivo, el vivir ensimismado, el pensar en sí mismo que caracteriza a Trece, tiene algo de todo proceso de germinación latente. Pasado este período, el reloj biológico da su hora y llega el momento de salir a la luz. Y para muchos, esa hora suena a los catorce.

El niño de esta edad parece hallarse a gusto consigo mismo. Se siente cómodo así, aunque podría desear algunos cambios: ser menos gordo, un poco más alto, un poco más bajo. Actualmente advierte las diferencias que lo distinguen de los demás, advierte su singularidad, aun cuando no esté totalmente dispuesto a aceptarla plenamente. Todavía se halla algo influido por esa forma perfecta idealizada, esas proporciones exactas que puede tener en el pensamiento. Sin embargo, no debe creerse que le conceda demasiada atención a esto último, pues se halla demasiado ocupado con la tarea de ser él mismo.

Como dijo un padre: "Por fin se ha absorbido en algo fuera de sí mismo". Y así es efectivamente. Es ésta una de las razones por las cuales se halla tan dispuesto a aceptar el mundo tal como lo encuentra. Catorce está aprendiendo el arte de dominar a la vida. Y en este aprendizaje llega a saber que a medida que uno se torna capaz de adaptarse, dentro de ciertos límites, a las exigencias del mundo exterior, se adquiere también la facultad de elegir. Catorce comienza a ver con mayor claridad qué es lo que quiere realmente y cómo debe discriminar entre lo que desea y lo que no desea. De este modo, es capaz de decir que no, por estar haciendo una elección, y no tan sólo por mero afán de contradicción. Puede elegir sus amigos y sus lecturas, aunque aún tiende a elegir demasiado, empantanándose en su propia exuberancia.

Catorce se siente bueno en sí mismo. Es frecuente oírle decir: "Me gusta ser como soy". Si no ha alcanzado por completo esta etapa, puede parecer casi extremadamente ansioso por convertirse en una persona con sus propios derechos. Puede suceder entonces que se precipite, en su deseo de tomar responsabilidades sobre sí y de disponer de su tiempo a su arbitrio. Es probable que aún necesite una mano adulta que lo guíe —contrariamente a lo que él cree— meditando sus planes antes de ser puestos en práctica. Puesto que ya ha adquirido una personalidad más firme y completa, se halla en condiciones de mirar hacia atrás, a su yo anterior, con una perspectiva más amplia, con mayor tolerancia. ¿No hizo en otra época las mismas cosas que ahora ve hacer a los niños?

Aquellos niños inmaturos o que se resisten a crecer son plenamente conscientes, a menudo, de cómo esperan los demás que ellos actúen (las niñas saben que deben mostrar gran entusiasmo por los varones, usar lápiz para labios y medias largas), pero muchas veces se sentirían felices actuando como niños más pequeños, preferentemente de doce años. Otros, en cambio, de un desarrollo social lento a los doce y trece años, ahora se muestran ansiosos por recuperar el tiempo perdido, convirtiéndose en verdaderos glotones de la experiencia social. Los días, semanas y meses no son suficientemente largos para abarcar todos sus proyectos. Tienden incluso a superar la tendencia característica de Catorce a extralimitarse; lo desbordan todo y, en su tentativa de organizar su exceso, a menudo producen intrincadas confusiones y enredos.

Catorce puede tener clara conciencia de su aspecto exterior. A menudo le aflige su cutis y puede desear algunos cambios físicos; pero en general se halla satisfecho y cuida de sí, de acuerdo con sus dictados íntimos y con la apariencia exterior. Su propio modo de vestir, correctamente adaptado a las distintas ocasiones, parece suponer para él una actividad apropiada, más que la simple adición de colores chillones, tan preciada unos años antes. Un vestido elegante le sienta bien a una niña de catorce años. Una chaqueta de *tweed* le sienta bien a un varón de catorce. Las ropas parecen estar hechas a su medida e incluso a su carácter, expresando su personalidad.

A Catorce no le gusta vanagloriarse y puede censurar acerbamente ese defecto en los compañeros que lo presentan. Pero puede reconocer en sí mismo algunas virtudes: sociabilidad, "sentido del humor" y "capacidad para apreciar las cosas". Algunos siguen considerando todavía que su mayor virtud es la de obtener buenas notas, pero son más (especialmente entre los varones) los que se sienten orgullosos de sus aptitudes deportivas. A Catorce le gusta afrontar sus defectos cara a cara, aunque no siempre logre vencerlos. Uno de los defectos compartidos por casi todos los niños es la propensión a hablar en voz alta. Catorce suele gritar mientras está con sus amigos charlando o haciendo bromas, pero también, con demasiada frecuencia, cuando se enoja. En efecto, a esta edad el niño no oculta ni controla sus sentimientos como a los trece años. Y en particular la ira dirigida contra los hermanos parece aflorar fácilmente a la superficie. Catorce tiene conciencia de ello y del desagrado que produce en sus padres esta conducta. Pero todavía necesitará un año más para disponer de la perspectiva necesaria a fin de apreciar y juzgar sus actitudes emocionales desde el punto de vista adulto. Una vez producido este cambio, se sentirá mucho menos herido por los mismos estímulos que ahora lo sacan de quicio.

En tanto que las más de las veces Trece refería su yo al cerebro, Catorce lo refiere a la cabeza o a las partes de la cabeza. La boca, los ojos, el rostro, así como también el "cerebro" o la "mente", le dan un sentido del yo. Pero también los hay que tienden a localizarlo en el corazón y unos pocos en el estómago, no sólo porque les gusta comer, sino también porque "lo sienten allí", ya se trate de "un buen poema o de un hambre canina". A otros pueden parecerles las manos la parte más importante de su ser porque son ellas las que lo hacen todo. El concepto de dónde se halla localizado el yo parece ser más individual a los catorce años que en épocas anteriores, pues ahora nos dice más de cada individuo en particular que de su nivel cronológico. La fluidez y expansividad características de Catorce estimulan en cierto grado esta expresión de su individualidad.

Catorce declara las cosas que desearía, Catorce no piensa solamente en sí mismo. Más que en sí mismo, piensa en el tipo de mundo en que le gustaría vivir. Ante todo, desea un mundo de paz en que no haya más guerra. Luego desea un mundo mejor en general, donde "las naciones estén unidas", "las religiones estén unidas", y haya un "nivel de vida elevado" y "una mayor oportunidad para que la gente se desarrolle". Más específicamente, desea que el gobierno esté en buenas manos ("alguien que no permita que suban los impuestos") y que mejore el sistema educacional; desea también que su familia y la gente en general sean felices, y para sí mismo desea la dicha en el presente y en su vida matrimonial. Desea tener éxito en los estudios secundarios y en la universidad y desea también desempeñarse bien en su carrera. A unos pocos les preocupan más los atributos personales de inteligencia, buena salud y popularidad, pero en general Catorce se acepta tal como es, aunque comienza a interesarle reunir más datos de lo que es como persona. Los varones desean dinero y lo que puede adquirirse con dinero, con más frecuencia que las niñas. Pero aquellos que desean bienes materiales se hallan en minoría. Éstos se refieren, generalmente, a yates lujosos, pianos, automóviles y aeroplanos. A esta edad comienza a despertarse un fuerte deseo por tener un auto y edad suficiente para manejarlo. Muchos conflictos habrá de engendrar esta pasión antes de que el niño llegue por fin a satisfacer sus deseos.

Catorce se halla pasando por una etapa deliciosamente fluida en relación con su futuro. Aunque podría desear ser mayor para manejar un auto o para gozar de los privilegios que le da la edad, la verdad es que se divierte locamente con sus catorce años. Abriga a veces algunos pensamientos con respecto al futuro, pero "todavía no se ha decidido", o "no importa gran cosa". A menudo declara que "no tiene ninguna idea" acerca de lo que desea ser en el futuro. El porvenir se extiende ante sus ojos y él se encoge de hombros, "venga lo que venga". La medicina todavía atrae a cierto número. A Catorce le interesa especialmente cualquier trabajo que tenga relación con la gente. Esta tendencia puede expresarse en el trabajo social, la política, la psiquiatría, la diplomacia, la historia y las demás ramificaciones de las ciencias sociales que impliquen el estudio de la gente.

Catorce no tiene prisa por elegir su carrera futura. En

realidad, pueden interesarle más los estudios secundarios inmediatos que tiene entre manos, o la educación de la escuela preparatoria. Muchos desean ingresar en la universidad, aunque frecuentemente no saben en cuál, y aun éstos pasan por momentos definidos en que no se sienten muy seguros de querer ingresar en la universidad y "gastar tanto dinero". Muchos se preguntan si alguna escuela vocacional no estaría mejor. Pero dentro de nuestra cultura norteamericana contemporánea hay una tendencia creciente hacia las profesiones universitarias.

Catorce piensa con menos intensidad en el matrimonio que un año antes. Y no piensa tanto en ello, simplemente porque se ha convertido en parte de su propia vida. Así declara que "ha proyectado casarse", que "está pensando en ello", que "probablemente se casará" y que "casi todo el mundo se casa". Hay cierto grupo de varones que "no saben", no "lo han decidido aún" o "quieren crecer un poco más antes de decidirse". Son muy pocos, sin embargo, los que se sienten atraídos por el celibato.

En general, Catorce no tiene prisa por casarse. Se da cuenta de que tiene mucho por hacer antes de que llegue a la edad adecuada. Le atrae, incluso, la idea de trabajar cierto tiempo después de finalizados los estudios universitarios, antes de casarse, pero esto no le impide hacer planes. Es casi como si fuera capaz de proyectarse y vivir en una época futura en que habrá de tener su propio hogar y familia. Las niñas son tan realistas en esta esfera, que ya comienzan a criar a sus hijos imaginarios, deseando esposos que ayuden en la casa y sean capaces de "arreglar los caños y poner estantes". Pero las niñas desean algo más, fuera de este lado práctico, con respecto a sus futuros esposos. Actualmente piensan más en el amor como base del matrimonio. Sin embargo, tanto las niñas como los pocos varones que han pensado en ello demuestran una mayor preocupación por el buen carácter de su futuro compañero. El aspecto físico es importante, también lo es la inteligencia, pero al fin de cuentas Catorce ya ha aprendido que para llevarse bien entre dos personas lo más importante es el carácter.

Catorce piensa en los hijos con un criterio netamente realista. Desea y proyecta tenerlos, pero reconoce los azares de la vida. Los varones pueden tener más conciencia de los factores hereditarios, deseando una mujer inteligente nada más que por esta causa. El número de hijos deseado oscila entre dos o tres, pudiendo llegar hasta cuatro o cinco, con marcada preferencia por la combinación de ambos sexos. Y el consabido deseo de tener primero un varón ya ocupa el pensamiento de algunas niñas.

5. Relaciones interpersonales

El cambio de atmósfera de un hogar cuando Trece se convierte en Catorce suele proporcionar un maravilloso alivio a todos los interesados. El temeroso padre —temeroso de decir lo que no debe, de infringir la intimidad de Trece, de ponerlo en una situación embarazosa, de provocar, en fin, un arranque de violencia— ya no tiene motivos para temer. Cuando el hijo tiene catorce años, puede mostrarse más natural con él. Actualmente puede referirse entusiastamente al notable cambio operado, a la nueva actitud de Catorce para llevarse bien con su familia. Sus padres ya pueden hablarle. El niño es alegre y todos saben que es posible divertirse en su compañía. Su relación total con la familia parece haber mejorado considerablemente.

Los informes de los padres relativos a respuestas negativas, críticas, resentimientos, etc., tan típicas de Trece, han experimentado un vuelco hacia el lado positivo: alegría, buen humor, bromas y risas francas, etc. Este cambio puede resultar realmente beneficioso, especialmente si Trece era hosco y retraído.

Esta actitutd positiva de Catorce puede no haber florecido en todos los niños de esa edad, pero la mayoría presenta por lo menos algunos brotes, mostrándose, por ejemplo, más agradables. Hasta su pasión por discutir pierde su tensa nota de insistencia, adquiriendo la flexibilidad de un simple desacuerdo. Es posible que se resistan inicialmente a lo que dicen sus padres, pero después de pensarlo concedan a veces que "mamá tenía razón", después de todo, y ellos no. Y esto sucede las más de las veces. Hasta el continuo deseo paterno de que mejoren no les parece "tan mala idea". Cuando Catorce lanza una palabra brusca a sus padres, suele borrarla con una disculpa. Actualmente es capaz de hallar una crítica para no herir los sentimientos de su madre.

Pero también están aquellos niños que cada vez tienen más dificultades con sus padres, especialmente las niñas con las madres. Aunque muchas sienten que gozan de toda la libertad a que pueden aspirar, otras se sienten retenidas, como si estuviesen "tascando el freno". Entonces se agitan y vociferan acerca de su "gran problema" –la madre– aunque también puede suceder que agrupen a ambos padres dentro de un común denominador "ellos". "Ellos" suelen ganarse el calificativo de "anticuados" y la acusación de "creer que vivimos en 1940". Las niñas suelen reñir con las madres especialmente por el uso del lápiz de labios y las horas de regresar a la casa por la noche. Pero los varones tienen comparativamente más dificultades para salir de noche pues quisieran gozar de una libertad absoluta. Y siempre está el eterno problema de ayudar en el trabajo de la casa, las ropas, la limpieza, etc. Se producen así situaciones tensas en que madre e hija "se pelean como perro y gato" y los padres se ven prácticamente forzados al extremo de castigar a sus hijos. Pero después de un gasto considerable de energías por ambas partes, padres e hijos logran llegar a una solución satisfactoria.

Estos momentos de violencia no se presentan a menudo. Parecen formar parte de la tendencia de Catorce a atascarse de vez en cuando, de modo que resulta necesario ayudarle para que salga del pantano. Se observa, asimismo, cierta tendencia hacia una confianza creciente en los padres, aun cuando Catorce se reserve para sí la aprobación o desaprobación final de sus actos. Comienza a percibir una nueva comprensión por parte de sus padres, un deseo de ayudarlo, una actitud verdaderamente abierta hacia él. Esta actitud de los padres permite al niño confiar en ellos y discutir con ellos sus problemas, especialmente los de índole social (más con la madre que con el padre).

Por lo general los padres ya no censuran tanto a los hijos como en épocas pasadas, lo cual parece indicar que hay menos aspectos objetables en la conducta de Catorce. Éste advierte cuándo el padre aumenta su presión y cuándo la disminuye. Las niñas, en particular, se declaran conformes con el método de sus padres pues, como dijo francamente una niña, "lo más importante para un padre es que tenga mano firme y sepa mantener las cosas en orden". En general, se nos dice que los padres son más severos y menos comprensivos y abiertos que las madres, lo cual no impide que muchas hijas se lleven mejor con el padre. Sin embargo, no están más dispuestas a aceptar demostraciones cariñosas de ellos que de sus cortejantes. Algunas niñas, percibiendo en estas ocasiones la cálida respuesta de su padre, pueden volverle fríamente la espalda, comportándose con la mayor displicencia. Esto confunde y desconcierta a este tipo de padres, y algunos pueden llegar a sentir celos de los muchachos que festejan a su hija.

Si se piensa en la amplitud y aspereza de las censuras del padre con respecto a sus hijos de trece años, las críticas relativas a los de catorce resultan tibias. El padre desea que el niño sea más vivaz, más expansivo, más amistoso y, sobre todo, que busque más su compañía. Como se ve, el padre ha virado sus exigencias más específicas, relativas al rendimiento intelectual, a las más moderadas del equilibrio social que, a su entender, ya están dentro del alcance de Catorce. Es como si supiera espontáneamente lo que Catorce debe hacer.

Por fin se observa cierta mejoría definida en la relación de Catorce con sus hermanitos menores. Admite que las críticas de su familia siguen siendo válidas, pero la verdad es que se lleva mejor con ellos de lo que cree su familia. Claro está que hay pequeños desacuerdos, algunas rencillas y ciertas ocasiones en que Catorce se enfurece de veras con un hermanito. Pero son más las veces en que juegan juntos y en que les imparte los beneficios de su experiencia, enseñándoles a bailar y otras cosas parecidas, no para mejorarlos, por supuesto, sino por el placer de enseñarles.

Sin embargo, los hermanitos menores pueden resultar bastante fastidiosos, pues más de una vez hacen picardías con la sola intención de irritarlo y, lo que es más desagradable para Catorce, se apropian de sus cosas sin pedírselas. El propio Catorce tiene algunas ideas definidas acerca de cuáles son las personas con quienes mejor se lleva y cuáles las edades que ocasionan más trabajo. Así, nos informa acertadamente las dificultades extremas que encuentra en su convivencia con un hermanito de once años, reconociendo la necesidad de que los padres lo "vigilen permanentemente". ¡Si por lo menos los padres tuvieran los mismos recursos y la misma perspicacia para manejar a sus hijos de once años! Y Catorce también se da cuenta de que Once se lleva bien con un hermanito por vez.

La relación de Catorce con sus hermanos mayores puede ser menos favorable, constituyendo su menor madurez una seria desventaja. Aunque la mayoría de los hermanos mayores se llevan bien con Catorce, discuten con él sus problemas y le dan consejos, el peligro de cierta rivalidad no tarda en hacerse evidente. Los hermanos mayores tienden deliberadamente a no conceder ninguna tregua a Catorce, y si pueden hacerlo caminar en lugar de llevarlo en auto, siempre preferirán lo primero. Además, cuando Catorce se halla con sus amigos, la sola presencia de un hermano mayor puede hacerle sentirse incómodo. Y catorce también es sensible, a su modo, para advertir las descortesías de sus hermanos mayores con sus amigos —especialmente si son del sexo opuesto— y no se hace rogar para expresar su desaprobación.

Claro está que son las niñas las que muestran una mayor perspicacia y conciencia en todas estas relaciones interpersonales, especialmente con sus coetáneos. Como dijo una de ellas con tanta propiedad, "es como saltar a un mundo diferente: ¡han cambiado tanto las cosas desde el año pasado a ahora!" La verdadera cualidad de este mundo distinto es sumamente engañosa y difícil de aprehender. Pero el uso que hace Catorce de las expresiones "camarilla", "círculo", "adaptación al grupo", "entrar aunque sea a empujones", "intruso", y otras similares, nos demuestra la fuerza mágica de los hilos invisibles que mantienen la cohesión de un grupo. Éste, que puede oscilar entre dos y siete personas, puede resultar sumamente exclusivista, aun cuando Catorce se esfuerce por aceptar a la gente por su carácter de tal.

La niña de catorce años se da cuenta de que la elección de sus amigas se halla ahora mucho menos determinada por sus preferencias y actividades. En realidad, a veces le choca descubrir que tiene muy poco en común con sus mejores amigas, salvo el hecho de sentirse "algo así como camaradas". Las razones que las mueven actualmente a elegir sus amigas son muy distintas. A Catorce le gusta una amiga porque está "llena de vida", porque es "liberal y franca" y porque tiene, a un tiempo, algo de "dama y de machona". Catorce tiende a tener "más amigas y no unas pocas amistades especiales", "todo un grupo de amigas íntimas".

Estas camarillas femeninas tienen mucho de qué hablar: "hablamos de ropas, de muchachos, de los profesores, de lo que pensamos en los bailes, de las clases, de las lecciones o de todo esto mezclado". Ya comienzan a tener lugar las discusiones sobre las distintas personalidades de sus amistades. (Dentro de un año estos análisis se habrán convertido en un arte mucho más preciso.) Las discusiones pueden referirse, asimismo, a problemas sociales, pero también éstas habrán de florecer plenamente un año más tarde. Catorce se halla dispuesta a aceptar ciertas asperezas dentro del grupo, porque, como dice ella, "tiene que ser así"; sin embargo está dispuesta a hacer mucho más aún. Hay ocasiones en que se da cuenta de que es necesario hablar claramente con una amiga "para poner las cosas en su lugar" y restaurar cierto grado de comprensión entre ambas.

Aquellas niñas de catorce años que quedan excluidas del grupo ofrecen un espectáculo bastante lamentable. Tratan de acercarse a las demás niñas entrando a participar en toda suerte de actividades. Pero con demasiada frecuencia, se hace la presentación... y eso es todo. Así, se las ve caminar por los corredores con otra niña, esperando que suceda algo. A veces su ruego social es oído por una niña más popular (y comprensiva) y entonces la niña impopular es incluida en el grupo a la sombra de la otra. Producida esta situación, la niña excluida habrá de aferrarse tenazmente a su nuevo puesto, aun cuando se sienta un poco intrusa. Este tipo de intrusión puede acarrear serias dificultades, perturbando considerablemente la unidad del grupo.

¡Felices las excluidas que reconocen que "todavía no están en condiciones de conocer suficientemente las cosas para tener deseos propios", y permanecen tranquilamente fuera! Pero al mismo tiempo, aceptan su nivel de desarrollo y no tienen inconvenientes en jugar con niños más chicos. Otras siguen aferrándose a una sola amiga, lanzándole pullas, a medias en broma, y llamándola "querida" con cierto grado de ironía.

Los varones, como siempre, presentan una mayor tendencia a formar "barras" y a llenarse de amigos, sin que esto suponga que tienen un círculo de íntimos. Al igual que las niñas, efectúan maniobras de tipo social y saben que eligen a sus amigos por el simple hecho de que les caen simpáticos, más que por compartir una determinada actividad. No tienen todavía demasiada conciencia de cómo los seleccionan —"¡qué sé yo cómo los elijo!"—, pero saben con cuáles les gusta más estar. Experimentan una gran satisfacción en su compañía y frecuentemente siguen siendo amigos de sus vecinos, en tanto que las niñas suelen demostrar más interés por las recientes amigas del colegio. Los varones se muestran más libres en las relaciones con sus amigos y dan muestras de un afecto bien intencionado y recíproco. Ciertas situaciones que en épocas anteriores podrían haberlos sacado de quicio como, por ejemplo, ser derribados sobre la nieve, ya no los molestan y, confirmando este aserto, suelen declarar: "Yo creo que me manejo bastante bien ahora".

Los varones lo pasan verdaderamente bien cuando están juntos. Se divierten con el sentido del humor de cada uno. Entre ellos siempre hay un payaso a quien se le considera gracioso y se le festeja todo lo que dice, aun cuando a un adulto podría parecerle perfectamente soso. La franca risotada de un grupo de varones es la prueba más palpable de que el placer es uno de los resultados más comunes de los círculos masculinos. Las actividades del grupo pueden incluir hasta partidos de póker con apuestas relativamente considerables. Es característico del expansivo, exuberante y exagerado Catorce que dé a cada centavo el valor de mil puntos. A medida que el juego avanza, se acalora con las apuestas y cualquiera diría que Catorce juega por valor de millones de dólares y no por unos pocos centavos.

Al igual que las niñas, algunos varones perciben las dificultades de otro, mostrándose dispuestos a protegerlo. Un niño a quien los demás le hacen el vacío, puede ser elegido abiertamente como compañero de tienda por un varón que desea protegerlo durante una excursión. Y los varones son más capaces que las niñas de ayudar con seguridad y fidelidad a estos "patitos feos". Consideran seriamente el problema y es más probable que lo perciban en toda su amplitud. Algunos niños de catorce años son en extremo solitarios, pero hasta ellos comienzan a expandirse algo más y pueden llegar a detenerse unos momentos en la casa de un amigo, al regreso de la escuela, cosa que difícilmente se les habría ocurrido un año antes.

Los expansivos intereses sociales de Catorce incluyen un *verdadero* impulso hacia el sexo opuesto, teniendo los varones tanto interés en las niñas (aunque con más tibieza) como éstas en aquéllos. Todavía se registran encuentros casuales en el colectivo, en los patios del colegio, en el *drugstore*, pero éstos suelen ser pretextos para ulteriores actividades compartidas. La mayoría de los varones consideran ahora a las niñas "más divertidas que molestas". Según nos informan, son muy pocos sus amigos que no demuestran interés por las chicas. Pero no salen mucho con ellas y si lo hacen, por lo general es con niñas menores que ellos. Las invitaciones se producen generalmente en ocasión de alguna fiesta, aunque también pueden asistir a la misma sin haber invitado previamente a una compañera, porque "de cualquier modo todas van lo mismo". Sospechando que las chicas de su misma edad podrían encontrarlos demasiado niños, suelen protegerse preguntando cautelosamente antes de formular la invitación: "Si te invitara a ir a la fiesta conmigo, ¿irías?"

Las niñas ya comienzan a aceptar su papel subordinado. Es más probable que esperen que las inviten para ir a una fiesta, salvo que vayan con el grupo. Las niñas se muestran en extremo seguras acerca del muchacho con quien les gustaría ir y no tienen ningún reparo en decirle a cualquier otro que están ocupadas o comprometidas, aunque no sea cierto.

Las fiestas programadas de antemano suelen proporcionar mucho más placer que en épocas anteriores, pues los varones no forman grupos aparte con tanta frecuencia, se mezclan mejor con las niñas y son capaces de sostener una conversación, aun cuando ellas tengan que hablar de deportes. Éstas prefieren las fiestas adonde concurren muchachos mayores porque saben que si se les da la oportunidad, los niños de su misma edad no tardarán en deschavetarse y arrojar proyectiles. Y si se les ocurre sacar a bailar a un varón, puede sucederles que éste salga corriendo en la dirección opuesta. Estas acciones confunden e irritan a las niñas de catorce años pues no comprenden para qué van a la fiesta esos "chiquilines". Por su parte, los varones suelen declarar que van por la comida, pero en realidad lo que desean es mantenerse en los límites del grupo, viendo las cosas desde fuera sin decidirse a participar de lleno.

Las fiestas que más les gustan a las niñas de catorce años son las espontáneas, las que se producen sin mayor organización previa. Éstas tienen lugar con mayor frecuencia en el verano y con muchachos mayores. Conociendo la tendencia de los varones de esta edad a estropear las fiestas, Catorce trata de no difundir el propósito de organizar una fiesta hasta más o menos las cuatro de la tarde. Entonces se les avisa a ciertos individuos para que se presenten por la casa elegida en forma casual, a la tardecita. Estas fiestas suelen ser las de mayor éxito, especialmente cuando se dispone de un salón amplio en la casa y los padres se hacen presentes durante la primera media hora para lograr que el grupo se sienta como en su casa, y luego se retiran a otra habitación dejando que la fiesta siga su propio curso. Generalmente se hace necesario planear algunos juegos. Puede haber un pequeño concierto de piano, cantos, baile o, simplemente, conversación. Los padres advierten grandes diferencias entre estas fiestas y las de años anteriores. Actualmente varones y niñas se mezclan con mayor facilidad. Casi no se produce ninguna incursión al baño. A las niñas les importa menos retocar su arreglo. De tanto en tanto una pareja puede desaparecer temporariamente, yéndose a la terraza o a dar un paseo. Entonces puede haber corridas, gritos y bocinas, pero la pareja no tarda en aparecer, reincorporándose al grupo. Sin embargo, las parejas no constituyen una entidad estable durante las fiestas o antes de ellas. El juego e intercambio de invitaciones es tan rápido que a Catorce jamás se le ocurriría invitar a una pareja en su carácter de tal. En efecto, como dijo una niña: "¿Cómo vamos a invitar a una fiesta a una pareja, si no sabemos si cuando empiece el baile seguirá siendo pareja?" Las golosinas constituyen un aspecto incidental y sociable de la fiesta, salvo en el caso de aquellos varones "aguafiestas" que pueden intentar asaltar las heladeras. La firme supervisión paterna puede volver a estos infractores a su lugar.

Las citas individuales no son tan comunes entre los varones como entre las niñas. Los varones pueden estar de buen humor e invitar a una niña a salir, pero todo para ahí. Las niñas saben que los varones salen con cierto número de niñas y viceversa. Todos tienen una idea bastante acabada del tipo de persona con quien les gustaría salir. Ante todo, el compañero debe tener un buen sentido del humor y además otras cualidades: inteligencia, capacidad para sostener una conversación, etc. A las niñas les gustan especialmente aquellos varones que saben desenvolverse solos y que pueden estar "algo adelantados", prefiriendo asimismo aquellos varones que gozan de popularidad entre los demás. A ambos sexos les disgustan los compañeros vanidosos o pedantes. Las niñas comienzan a darse cuenta de que las apariencias no importan demasiado. En realidad, comienzan a cansarse del varón demasiado apuesto. De igual modo, la niña de mayor popularidad inicialmente, por su aspecto físico y sus modales desenvueltos, puede perder considerable terreno. Las reputaciones y rumores comienzan a entrar en juego. A Catorce se le advierte que "no se acerque a Fulano de Tal" o que "debe hacerle caso a Mengano, que es tal y tal cosa". Aunque Catorce presta oídos a la advertencia, su tierno corazón (sobre todo si se trata de una niña) desea hacer algo para ayudarlo: "Alguien tiene que decírselo." Y gradualmente puede llegarse hasta la persona más apropiada para decírselo, de modo que el calumniado, a veces totalmente ignorante de la difamación, pueda aceptar la revelación con la gratitud característica de los catorce años.

Las actividades que se desarrollan en parejas pueden incluir la asistencia a las fiestas habituales, al cine, a los espectáculos deportivos, a los picnics o a los ejercicios de patinaje. A los niños de catorce les gusta salir en parejas dobles, y también existen las parejas simples, especialmente las niñas de catorce años con varones mayores. A Catorce por lo general no le gusta llevar las cosas adelante, pues eso "lo ata a uno y no hay oportunidad de conocer a otros y comparar". Si las cosas son tomadas un poco más en serio, esta relación no dura, por lo general, más de dos a seis semanas, con un límite extremo de cuatro meses. Algunas niñas tratan ásperamente a sus festejantes, especialmente cuando éstos tratan de besarlas, o simplemente los "largan", "rompen" o "dejan". Las razones de estas rupturas pueden no ser del todo claras, pero las cosas pueden virar rápidamente cuando se trata del corazón. Por lo común, Catorce experimenta alivio cuando se ve libre de una relación demasiado exigente.

6. Actividades e intereses

La vida de un niño de catorce años es, en total, excitante, plena, activa y feliz. Qué hacen los niños a esta edad, específicamente, es menos importante que cómo lo relacionan con el resto de su vida. Son capaces de pensar en función del año entero, relacionando sus intereses con las distintas estaciones. De este modo, cuando se les pregunta qué deportes prefieren, a menudo distinguen dos tipos: los de verano y los de invierno. La estación que más le gusta a Catorce es generalmente el verano. A menudo no le gusta salir de excursión, haciendo campamento, porque en realidad ya no le atrae este tipo de vida. Lo más probable es que prefiera la vida libre de compromisos, activa, heterosexual y sociable del verano.

En invierno, el colegio le roba a Catorce la mayor parte del tiempo. Son más las horas del día que pasa en el colegio que fuera de él, sin contar los deberes que tiene que hacer por la noche. Pero acepta todo esto como parte de su vida, aunque procura desarrollar también otras actividades, aparte de las funciones más esenciales.

Se observa un considerable contraste entre el interés en el deporte demostrado por los varones y el manifestado por las niñas. El básquetbol es el deporte favorito entre los varones, aunque el béisbol y el fútbol no le van muy a la zaga. La creciente actividad muscular de los varones necesita un medio de escape. A esta edad, el tipo atlético comienza a destacarse netamente, pudiendo ganarse el favor de sus compañeros merced a sus proezas físicas. Pero aun aquellos niños que saben que "no son del tipo atlético" más adecuado, o que son "demasiado livianos", desean formar parte de algún equipo, cualquiera sea su clase. La práctica de deportes en canchas cerradas proporciona a Catorce el tipo de competencia que más le conviene.

Las niñas no experimentan la misma atracción que los varones por el deporte. Sus actividades deportivas dependen en gran parte de las posibilidades ofrecidas por el colegio y del tipo de espíritu colectivo predominante en cada deporte. El vóleibol y el hockey constituyen los deportes colectivos más favorecidos. El tenis y el ping-pong marchan a la cabeza de los individuales; puede observarse cierto renacimiento del interés por la bicicleta.

Las actividades hogareñas han sufrido un considerable desplazamiento desde los intensos *hobbies* de Trece a los intereses sociales más libres de Catorce. A un contado número de varones les sigue interesando la radio, y trabajan y estudian a fin de obtener la licencia de operadores o de construir modelos de diversos tipos. Del mismo modo, a algunas niñas les sigue gustando la costura, y es probable que diseñen y corten sus propios vestidos. A algunos niños de ambos sexos les gusta el dibujo.

Pero la mayor parte del tiempo es dedicada a las reuniones sociales, con separación de sexos o mixtas. Los juegos de cartas comienzan a interesar a Catorce, quien presenta ya en este sentido un patrón bastante semejante al adulto. La estructura de las reuniones es desenvuelta, fluida y variable, pero dotada al mismo tiempo de la capacidad de estabilizarse nuevamente. Cuando se hallan incluidos ambos sexos, todo se torna algo más precario. La estructura social se hace algo más libre, más suelta y se modifica con mayor rapidez. No es raro que un varón dedique sucesivamente sus atenciones a distintas niñas en el curso de una velada. Debido a esta estructura fluida deben fijarse ciertas reglas, siendo preferible que éstas provengan de los propios miembros. Y ningún control puede ser más eficaz y mejor recibido que la proximidad de los padres, quienes pueden advertir rápidamente cuándo una situación comienza a perder estabilidad.

La comunicación verbal, de cualquier tipo que sea, parece fundamental para las niñas de toda edad. Catorce expresa esta necesidad en sus corros bullangueros, en sus numerosas telefoneadas y en su profusa correspondencia. A veces las exigencias telefónicas son tan grandes que parecerían necesitar un aparato para su uso exclusivo. Pero la verdad es que se trata aquí de un verdadero problema familiar, que como tal debe ser resuelto. Deben establecerse ciertas normas para el uso del teléfono, aunque no sin cierta flexibilidad, y es de esperar que Catorce cumpla con estos requisitos. Por lo menos es de desear que Catorce no tenga pertensiones extremas, hasta el punto de que los padres se vean forzados a poner papel secante en la campanilla para que no se lo oiga sonar cuando llaman después de las diez de la noche.

Los varones se distinguen por su interés en los automóviles. Muchos comienzan ya a manejar, bajo la vigilancia paterna. Les gusta salir a "dar vueltas" con el coche. Es conveniente suministrarles las mayores oportunidades posibles, pero fijando siempre estrictas reglas en cuanto a la supervisión adulta. El problema de la licencia no tardará en presentarse algunos años después, y un buen adiestramiento no sólo les resultará útil, sino que también satisfará esa terrible urgencia de tener el volante entre las manos.

Actividades visuales y auditivas sedentarias

La televisión y la radio no constituyen ningún problema para Catorce. Algunos observan o escuchan los programas sólo de tanto en tanto o prácticamente nunca, ya sea porque tienen tantas otras cosas que hacer o porque no les gustan los programas. Muchos han superado la necesidad de tener la radio encendida mientras estudian; así, nos declaran que no escuchan los programas radiales hasta no haber terminado sus deberes. En general, la radio goza de mayor favor que la televisión.

Los programas elegidos por Catorce varían considerablemente, reflejando sus gustos personales. Los varones prefieren los programas deportivos, en tanto que las niñas tienden a sintonizar las representaciones teatrales. El jazz encierra interés para ambos sexos y los astros musicales saben perfectamente que sus auditores incluyen a gran número de adolescentes de catorce años.

El gusto por las grabaciones, intenso a los trece, aumenta todavía a los catorce. El jazz y la música clásica rivalizan en popularidad. Los ritmos bailables son, además, de primordial interés. A Catorce le gusta tener sus propios discos, pero siente, naturalmente, el impacto pecuniario de dicho *hobby* (y de ahora en adelante cada vez serán más las exigencias de este tipo).

El tiempo dedicado por Catorce a la lectura depende considerablemente de su propia individualidad. Algunos no tienen más tiempo que el necesario para el estudio de sus asignaturas escolares. Otros leen bastante, y sus intereses varían, especialmente si se tiene en cuenta que ya están penetrando en la esfera adulta. Es posible que lean una serie de libros del mismo autor. O que lean o eviten leer sobre determinados temas: "todo lo que tenga que ver con la historia antigua" o "nada que tenga que ver con la política". Sus lecturas pueden sufrir la influencia de sus estados de ánimo, y los propios libros crean por sí mismos un estado anímico. La literaratura barata los hace sentir mal. Otras lecturas pueden deprimirlos, pero la mayor parte de lo que leen les hace sentirse contentos.

La mayoría de los niños lee el diario a los saltos, aunque hay un contado número que lo lee de cabo a rabo. Las secciones preferidas son las "historietas" y las noticias. Ciertas columnas con historias que encierran un interés humano y la página social comienzan a caer dentro de la órbita de intereses de Catorce. La página deportiva para los varones y las noticias de cine y televisión siguen mereciendo su atención. La lectura de revistas se hace cada vez mayor. A Catorce le gusta informarse sobre temas especiales que pueden encerrar interés para él.

El cine provoca toda una variedad de patrones de conducta. La mayoría concurre una vez por semana, aunque cierto número va con menos frecuencia. Parecen saber cuáles películas quieren ver, aunque cierto número va simplemente por la sociabilidad que implica. Habitualmente concurren con amigos del mismo sexo, aunque las niñas ya no se resisten a ir con los padres, como en épocas anteriores. A veces también concurren por parejas o en parejas dobles.

A Catorce le gusta el final feliz (el *happy end*). A menudo se identifica con lo que sucede en la película, y así puede sentirse feliz, triste, heroico o pusilánime, según el sentimiento que inspire aquélla. Las niñas especialmente pueden mostrar un enorme interés por determinados actores cinematográficos, atesorando todas las fotos de ellos que puedan reunir y recortando todos los artículos publicados en diarios o revistas que se refieran a los mismos.

7. Vida escolar

Catorce ya está listo para un cambio, tanto en la escuela como en otros aspectos de su vida, un cambio considerable que habrá de satisfacer su expansividad. La disminución de su beligerancia suspicaz, en particular, lo coloca en condiciones de ingresar a un nuevo territorio. Es más reposado íntimamente, aunque comparado con Trece resulta menos interiorizado y más bullanguero cuando está en clase. Su mayor inquietud íntima se halla vinculada con una paradoja del desarrollo, y es ésta el aumento del interés por sí mismo, la conciencia del yo. La contemplación de su propia personalidad se torna menos inquieta, insatisfecha y defensiva, ganando en calma y en juicio.

Catorce parece presentar frecuentemente nuevas cualidades que lo hacen capaz de acomodarse a cualquier organización escolar de la cual forma parte. Se mezcla bien con sus compañeros, es más respetuoso y tiene ideales. He ahí, pues, a Catorce en su mejor expresión. Claro está, sin embargo, que también puede decepcionar a un profesor, no dando todo lo que puede rendir, viendo más el lado malo de la vida y escamoteando su tiempo y energía al trabajo escolar.

Pero las tareas escolares sólo constituyen para Catorce una parte de toda su vida en el colegio; a veces, incluso, una parte relativamente secundaria. Puede mostrarse tan activo con sus amigos, antes y después de las clases y entre ellas (y a veces también durante), que los estudios aparecen circunscriptos dentro de una esfera de sociabilidad mucho más amplia. El colegio suministra, en todo caso, el punto de partida para gran número de las actividades sociales de Catorce. El niño hace planes, incluso, para encontrarse con los amigos en su camino hacia el colegio. Aquellos niños que van en el ómnibus escolar todavía muestran cierta tendencia, sin embargo, a buscar la compañía de su mismo sexo.

El modo de vestir varía con la estación, la región, la última moda, etc.; pero dentro de los límites de "lo que se usa comúnmente", tanto los varones como las niñas saben componérselas habitualmente para demostrar su buen gusto y controlar su aspecto exterior. Se dejan arrebatar menos por los furores de la moda y comienzan a rehuir los colores demasiado usuales que pueden dar al grupo un aspecto uniformado. De este modo, aunque conservan cierto estilo personal, tampoco se van a los extremos. Y parecen retornar de tanto en tanto a las prendas tradicionales de siempre: polleras y suéters o blusas, en el caso de las niñas; camisas sencillas, pulóveres y pantalones (vaqueros, *slacks*, etc.), en el de los varones.

Unas pocas niñas incurren en excesos al vestirse, destacando su sexo con las ropas, como puede haber sucedido ya en épocas anteriores. Por lo general llevan cartera, pero no utilizan los implementos contenidos en la misma tanto como antes. Atcualmente se pintan los labios con más habilidad. Los varones tienden menos a ponerse camisas *sport*, aunque se reservan las corbatas sólo para ocasiones muy especiales. A esta edad suelen llevar los zapatos mejor lustrados.

A veces los niños anhelan retornar a su viejo desaliño: las chicas a sus pantalones vaqueros y los varones a las camisas fuera del pantalón. Quizá conviniese permitirles de vez en cuando dar libre curso a este deseo largamente reprimido. Catorce disfruta realmente en estas ocasiones, aprovechándolas a fondo.

Aunque Catorce se halla en expansión y listo para múltiples experiencias nuevas, se siente feliz en la seguridad de su aula oficial. Si tiene suerte en la asignación de su grado, puede encontrar oportunidad de comunicar sus problemas individuales al profesor de su aula oficial, ya se trate de futilezas, como el uso de *rouge*, o de probemas más serios, como la fe religiosa. También aquí puede forjar su identificación con el grupo (a menos que la organización de la escuela sea tan semejante a la de una fábrica y las clases se hallen tan mezcladas unas con otras que no exista ningún vínculo común). Al niño le gusta que su grupo se halle estrechamente unido y le gusta bautizarlo con un nombre. Cualquier cosa que haga un miembro del grupo puede incidir sobre el resto del mismo, para bien o para mal. Le gusta participar junto con los demás en todas las actividades; si alguien se separa, el grupo lo siente y piensa que el miembro disidente debe sentirse avergonzado de ellos.

El aula oficial es asimismo lugar excelente para ejercitar la organización estudiantil y planear determinadas actividades, tanto sociales como económicas. A Catorce le encanta elegir "autoridades", aunque todavía necesita cierto grado de supervisión adulta. Los niños de tipo deportivo son los elegidos con más frecuencia. A veces hacen falta otros requisitos para desempeñar el cargo. Y es aquí donde puede ayudar el profesor, exponiendo el problema claramente para facilitar una decisión más acertada.

A menudo Catorce se lleva mejor que antes con sus profesores. Así, reconoce que son más divertidos y advierte que se porta mejor con ellos y viceversa. Las objeciones que les formula tienen mayor validez y suelen hallarse sustentadas en los hechos. Si un profesor no es comprensivo o se muestra indiferente, o bien si tiene ideas claras o llenas de originalidad, el niño lo advierte indefectiblemente.

El profesor de un curso de catorce años debe tener una exacta conciencia de la estructura colectiva del mismo. A Catorce le atrae la variedad, pero no mal entendida; por ejemplo, un anuncio propalado por los parlantes de la escuela actúa como una interrupción perturbadora. Y en este caso, el profesor tendrá que hacer volver al grupo al punto de partida para retomar el hilo de la explicación. La obtención de buena atmósfera es esencial para un mejor aprendizaje. Pero hay ocasiones en que esa atmósfera resulta tan frágil que súbitamente se rompe en pedazos. El profesor sagaz sabe lo que debe hacer en estos momentos, ya sea recurriendo a la proyección de una película corta, a la exhibición de un mapa o a algún otro viraje brusco de la tarea entre manos, para lograr nuevamente la atención de la clase.

En los períodos comprendidos entre una clase y otra o en el tiempo libre dedicado a la sociabilidad, los niños de catorce años no pierden tiempo en reunirse para conversar. Las niñas suelen comportarse como si se sintieran súbitamente liberadas, como un muñeco a resorte que salta sorpresivamente de la caja que lo encierra. Así, vuelan en busca de una amiga para chismorrear. Pueden tener importantísimos datos que suministrarse (alguien le sonrió a alguien en el patio). Miran las fotografías que tiene cada una en su cartera. Los varones tienden más a comportarse como perros grandes, jugueteando y dándose amistosos puñetazos. Un primer momento de relativo silencio no tarda en dejar paso a un bullicio verdaderamente estentóreo. Un profesor observó que el ruido es tan natural a esta edad que los niños prácticamente no lo oyen. Si uno les pregunta: "¿Desde cuándo nuestro idioma se ha hecho más inteligible al gritarlo?", todavía tratarán de convencerlo de que el ruido no perturba sus facultades auditivas.

Los estudiantes inmaturos no tardan en ponerse en evidencia dentro de la clase de catorce años. Son éstos los que empujan, tiran proyectiles y charlan más de lo conveniente. Sus carcajadas son las más fuertes, y cuando cuentan un chiste lo hacen con la intención de llamar la atención sobre sí. Se hacen la rabona. Provocan y son oposicionistas. Como es natural, no se llevan bien con sus compañeros. Pueden pellizcar o pinchar al que tienen al lado, o esconderle un libro. Este tipo de niños necesita especialmente un atento estudio individual para determinar qué es lo que está a su alcance, dónde pueden sentirse mejor adaptados y, sobre todo, si necesitan algún tipo de ayuda específica.

Varones y niñas encaran el deporte de manera distinta. A los varones les interesa más poner a prueba su capacidad; desean comprobar si les gusta o no el contacto físico del fútbol. A muchos les resultan más agradables los deportes individuales, como el *bowling* o el tenis.

Las niñas, por el contrario, responden más al incentivo artificial de las recompensas. A menudo idean complicados sistemas de puntos. En general experimentan un lánguido interés por el sóftbol. Pero el vóleibol puede llegar a entusiasmarlas. Se indignan colectivamente si uno de sus compañeros no logra obtener determinada recompensa. Individualmente, pueden o no preocuparse en igual medida por su rendimiento, pero en general a Catorce no le importa tanto fracasar como en épocas anteriores.

Actualmente los niños se resisten menos a ducharse después de haber hecho ejercicios. Un contado número de padres teme todavía la posibilidad de que se resfríen. También se oponen al baño algunos de los varones físicamente más inmaturos. Es importante preguntarse si estos varones no estarán ocupando un lugar superior al que debería corresponderles en la clase de gimnasia; si no se hallarían mejor con una clase más joven. También es importante establecer qué varones (si los hay) son causa de dificultades al burlarse de éstos menos adelantados.

Las relaciones entre varones y niñas son transitorias. Algunos varones tienen todavía tanta conciencia del sexo opuesto que se rehúsan a sentarse cerca de ellas en las reuniones Otros, en cambio, buscan su compañía en los patios, en las reuniones, en las actividades de los clubes. Las niñas desean con más fervor que los varones tener amigos del sexo opuesto. Como dijo una niña: "Usted no se imagina lo segura que una se siente cuando tiene un festejante." La relación entre los sexos a esta edad —como en todas las edades— mejoraría si los varones tuvieran un año más que las niñas. Son los rasgos de inmadurez de los varones los que con tanta frecuencia hacen que las niñas se fijen en los varones mayores. Cerca de la mitad de las niñas y de la tercera parte de los varones salen en parejas, pero aun las salidas más sistemáticas de la misma pareja no suelen superar el lapso de unas pocas semanas. Se observa una definida atracción entre ambos sexos, que halla fácil expresión a través de las actividades colectivas mixtas; así, se sientan juntos en el almuerzo, se reúnen para proyectar algún baile, integran comisiones mixtas para las actividades extraescolares, etc. Catorce aprecia todas estas situaciones, pues le suministran cierta estructura en la que él sabe cómo se espera que actúe y a través de la cual puede comunicarse fácilmente con el sexo opuesto.

Lamentable y significativamente, ya no nos es posible trazar, dentro de los límites de nuestra exposición, la reseña del programa de estudios a esta edad, pues acaba de proliferar con gran variedad de retoños. Sólo mencionaremos algunos renglones elocuentes. Los alumnos de más talento por lo general se destacan en matemáticas (álgebra), composición y latín. Aunque se predisponga a un niño de catorce años contra el latín, es común que desee probar sus aulas. A veces parece querer ponerse a prueba, al igual que en los deportes. Catorce es un individuo de acción, y como tal aprende según el sistema del ensayo y el error. Cuando es práctico, debe permitírsele ensayar, aun cuando pueda concluir en un fracaso. Mientras este desenlace no sea tomado a pecho, puede producir un crecimiento mucho más sano en aquellos niños que no están dispuestos todavía a aceptar lo que los demás les aconsejan. El aprendizaje mediante el error ocupa ya un puesto importante.

El campo entero de los estudios sociales —política, sucesos de actualidad, lectura de los diarios— puede encerrar menos interés para Catorce. Pero a menudo le gusta ejercitar su capacidad de expresión en la oratoria, en la información de noticias, en la ejecución de representaciones teatrales. Y el estudio del hombre es cada vez de mayor interés: biología, fisiología y psicología. El niño ansía saber más acerca de sí mismo.

Catorce acepta los deberes como parte ineludible de su vida, aun cuando pueda quejarse de que se los dan en exceso. Frecuentemente necesita menos ayuda que antes para hacer los deberes y se da cuenta de que la ayuda podría redundar en su perjuicio.

Para Catorce es realmente interesante pertenecer a un club donde poder asistir después del colegio. Cada alumno debe estar en condiciones de encontrar su lugar adecuado. Así, existen clubes deportivos, científicos, dramáticos, musicales. La fotografía, por ejemplo, ofrece un buen incentivo para aquellos niños menos inclinados a la práctica de deportes y a la vida social. De igual modo, ahí está el club de *bowling* para los que tienen inclinaciones deportivas más moderadas. Los clubes de patinaje pueden prestar un verdadero servicio a aquellos niños que todavía no se han hecho un lugar socialmente, pero que pueden llegar a pertenecer a un grupo determinado a través de una actividad compartida. Cada colegio debe tener su propia variedad de clubes. Probablemente sean mucho más convenientes estos clubes que las fraternidades y hermandades para varones y mujeres, respectivamente. Con demasiada frecuencia Catorce se siente atrapado en las redes de una era caduca y le resulta difícil liberarse de las intrigas y las exclusiones de dichas sociedades. Hasta los propios miembros a veces declaran francamente que desearían abandonarlas.

La vida de Catorce es verdaderamente activa y plena. Y cuanto más activa, más le gusta. El colegio debe hallarse en condiciones de suministrar un programa activo y de ayudarle a adaptarse al mismo. Catorce puede no darse cuenta, pero a menudo necesita más ayuda de lo que cree. Se dan ocasiones, incluso, en que es imprescindible hacerle ver al padre el ambiente escolar para esclarecer más de una dificultad. Por fortuna, Catorce tiende a aceptar la autoridad paterna cuando siente que su hogar y el colegio trabajan conjuntamente para lograr su bienestar.

Viendo a Catorce con todas esas cualidades de expansividad, facilidad para cambiar, capacidad de conducción y receptividad para todo lo relativo al mejor conocimiento de sí mismo, surge la siguiente pregunta: ¿en qué parte de nuestro sistema escolar actual encaja mejor Catorce? En una escuela preparatoria *(junior high school)*, donde se agrupan juntos niños de doce, trece y catorce años, Catorce estará en el puesto más alto, no sólo por el grado que le corresponde, sino también porque será capaz de aceptar las exigencias de dicha posición. Cuando Catorce está en la cúspide del orden jerárquico se siente a sus anchas tanto por el desarrollo de su personalidad como por su don de mando. En contraste con esto, si se coloca a Catorce en el primer año de un colegio secundario de cuatro años, puede sumergírselo en la oscuridad de quien recién comienza, o dispersárselo en la multitud de atracciones y distracciones en que abunda el colegio secundario. Muchos educadores, conscientes de este hecho, defienden vehementemente las escuelas preparatorias. Otros consideran que Catorce se halla mejor en un noveno año añadido al octavo de la escuela primaria, pues también aquí puede desarrollarse a sus anchas. En todo caso, parece estar en el consenso general que sería mejor para Catorce no ser incorporado al colegio secundario corriente. Sin embargo, cabe agregar una tercera alternativa, pasada por alto muchas veces.

Puesto que Catorce se muestra tan total en sí mismo, tan dispuesto a cambiar, ¿por qué no colocarlo en una unidad propia y verdaderamente autónoma, nada más que para niños de catorce años? (Claro está que nos referimos a los que tienen catorce años de acuerdo con el calendario evolutivo.) Sabemos que en Clayton (Missouri) se ha puesto a prueba este método con gran éxito. La unidad escolar adquirió su existencia gracias a una necesidad práctica, pero tanto los alumnos como los padres y los educadores no tardaron en reconocer su enorme conveniencia, prefiriendo seguir con el nuevo sistema en lugar de pasar a cubrir las numerosas vacantes producidas en el nuevo y cercano colegio secundario.

¿Por qué no incluir a Doce y Trece en esta unidad junto con Catorce, como en la escuela preparatoria tradicional? Ya lo dice Doce por sí mismo: no está preparado aún. El hecho de tener que trasladarse constantemente de una clase a otra, luchando siempre con el tiempo, lo perturba mucho más de lo que nosotros, adultos, podemos imaginar. No debe asombrarnos, pues, verlo correr por los pasillos detrás de sus compañeros, en esta estructura demasiado compleja para su nivel de madurez. Todavía necesita la supervisión más estrecha que sólo puede ejercer una maestra que dicte varias materias. Necesita, junto con la posibilidad de avanzar, la de retroceder de tanto en tanto a esferas más infantiles del desarrollo. Los niños de once años son buenos compañeros para los de doce y experimentan, a su vez, una marcada mejoría bajo su influencia. Y en cuanto a Trece, podría adaptarse al nivel de Catorce, pero recién se halla en trance de superar una cantidad de cosas de la esfera más infantil de los niveles cronológicos anteriores, por lo cual es más conveniente colocarlo junto con los de once y doce años. Se concentra bien, pero todavía no puede apremiárselo. Y cuanto más se le exige, más aumenta su beligerancia.

Cuando mejor se desempeña es cuando ocupa el nivel superior de un ciclo.

Las ventajas de una unidad autónoma para Catorce parecen ser muchas. En este caso, no hay alumnos mayores, "más cancheros", a quienes haya que copiar o para quienes esté reservado todo el poder y la gloria. Junto con otros tan vivos o tan tontos como ellos, los niños de catorce no se sienten eclipsados y les resulta más fácil formar parte del grupo. Su tiempo les pertenece en mayor grado y pueden dedicarle más a las actividades colectivas y sociales. A las niñas, por ejemplo, cuando no tienen a mano los varones de clases superiores, ya no les parecen tal mal los de su propia edad, y esto evita que se separen de su grupo y dispersen sus energías, por lo menos durante las horas de clase. Esta delimitación de edad y lugar constituye una frontera fácilmente aceptable para Catorce. Gracias a ella, el niño tiene oportunidad de desarrollar con plenitud sus aptitudes latentes y las de su grupo.

Además, existen todavía otras ventajas. Muchos varones no han decidido todavía si han de participar o no de las actividades deportivas. Sin el acicate de una ardua competencia, como en el colegio secundario corriente, les es posible establecer con más tranquilidad para qué se hallan mejor dotados. Así, por ejemplo, suele entusiasmarles, sin crearles ninguna dificultad, la participación en los torneos deportivos internos al finalizar el año.

En el caso de aquellos niños de catorce años para quienes un programa académico completo resulta demasiado exigente y nada remunerativo, podría instituirse media jornada de trabajo durante la cual los niños pudieran desempeñarse como aprendices. Con esta combinación de estudios y trabajo, más de un alumno, que de otro modo trataría de dejar el colegio lo antes posible para obtener ingresos con algún trabajo, podría continuar provechosamente sus estudios. He aquí, pues, un método práctico que podría resultar una verdadera fuerza para combatir la delincuencia juvenil.

Además, nos sugiere uno de los valores potenciales más importantes de la unidad independiente: tenemos aquí, sin duda, el tiempo y lugar ideales para establecer el grado de desarrollo de cada individuo. El proceso educacional suele ocuparse demasiado en la enseñanza, descuidando el objeto de la misma. Después de todo, su objeto no es sino el individuo a quien se enseña; él es su razón de ser. Es fundamental, por lo tanto, que conozcamos al individuo en su calidad de persona; que conozcamos sus aptitudes potenciales y sus deficiencias; que conozcamos, en suma, su individualidad. En ningún otro nivel cronológico de los comprendidos entre los diez y los dieciséis años tiene el niño más deseo de conocerse a sí mismo que ahora. A ninguna otra edad se halla más dispuesto a obrar de acuerdo con lo que ha aprendido acerca de su naturaleza.

Ésta sería la oportunidad para realizar un estudio serio y una estimación exacta de las posibilidades de cada alumno; sería una especie de compás de espera para pasar revista al activo y al pasivo y realizar un reajuste general. Catorce, en vías ya de comprenderse y aceptarse a sí mismo, sería un aliado entusiasta de cualquier campaña tendiente a contribuir al éxito escolar inmediato y a su felicidad personal, pero que al mismo tiempo podría llegar a constituir un muro de contención frente a la inadaptación y la delincuencia juveniles.

La idea de una escuela autónoma para los catorce años prácticamente no ha sido puesta a prueba todavía. Donde se la ha ensayado ha resultado sumamente satisfactoria, y la verdad es que, en teoría, parece resolver muchos de los problemas que plantea la etapa de transición por que atraviesa el niño a esta edad. Claro está que no constituye una solución universal y son muchas las críticas que podrían acumularse en el otro platillo de la balanza. Pero nosotros creemos que si a Catorce se le permitiera experimentar esta nueva estructura y se le cediese la palabra, no tardaría en convencer a las autoridades de lo provechoso e inolvidable de su experiencia.

8. Sentido ético

En cierto modo, Catorce es menos consciente que en épocas anteriores de su propia conducta ética, porque actualmente constituye más parte de su propio ser. Ya ha perdido la intensidad, la escrupulosidad y ese sentimiento de culpa que experimentaba a los trece. Así como le caen bien las ropas, también la ética se adapta a su medida.

Actualmente se halla en vías de elaborar su propio concepto de la "moral". El niño reconoce las múltiples influencias que han producido su propio código ético. Como explicó una niña: "La moral no se la enseñan a uno exactamente. Pero forma parte de lo que a uno le enseñan, de las propias ideas, de lo que se aprende de la experiencia o a través de la lectura y de lo que hace la demás gente." El movimiento fácil y diversificado de un niño de catorce años le permite atrapar estas diversas influencias incorporándolas a su propio sentido de los valores morales.

Y éstos van más allá de sí mismo, pues actualmente le preocupan problemas más vastos, así como la relación de unos grupos con otros. Comienza a adquirir conciencia de problemas tales como el tratamiento de los grupos minoritarios, la discriminación y la exclusión. Fundamentalmente, es de temperamento tolerante. Siente a la vez respeto e interés por los demás. El cambio se hace evidente en su actitud hacia la mujer que hace la limpieza en la casa. A los trece es probable que deje las cosas desparramadas por el suelo, racionalizando su conducta con el siguiente enunciado perfectamente válido: "Se le paga para que las recoja." Pero a los catorce, el duro razonamiento intelectual se suaviza con un nuevo ingrediente emocional. Actualmente tiene una sensibilidad mucho mayor para abarcar también los sentimientos de ella. Y, por paradójico que parezca, el cuidado de la habitación por parte del niño de catorce años mejora cuando se toma una empleada de servicio doméstico.

A Catorce no le resulta demasiado difícil decidir qué está bien y qué está mal. Aunque generalmente sabe qué es lo que debe hacer —agrega rápidamente—, "eso no significa que siempre lo haga". Al tomar una decisión, obra bajo el influjo de múltiples factores. Algunos niños parecen "saber", "tener una clara noción", "guiarse por el sentido común" o "sentir", simplemente, cuándo una cosa está bien. Otros acusan más los impactos del medio dejándose influir por la opinión de su familia, de sus amigos o la demás gente en general, así como también por las enseñanzas religiosas. Otros, a su vez, se muestran más calculadores al tomar una decisión. Consideran los problemas mentalmente, contemplando el pro y el contra, y el beneficio y el daño que habrá de reportarles tal o cual conducta. Algunos sienten el tira y afloja de dos fuerzas diferentes: una que actúa en el mismo sentido que sus compañeros y la otra, opuesta, en el sentido de lo que la madre espera de él. La opinión de la madre es sumamente importante para el niño, aun cuando sólo repare en ella para evitarse problemas; pero es posible que trate de "no tomárselo tan a pecho".

La conciencia no siempre desempeña un papel de importancia en las decisiones de Catorce. Ahí está ella para dirigirlo si lo necesita, para resolver asuntos de importancia; pero por lo general no lo hostiga como en épocas anteriores. En efecto, Catorce no ve de qué puede servir afligirse por lo que uno ya ha hecho. Lo que le importa más es tratar de enmendarlo. Esta indiferencia de Catorce hace que resulte una persona más adecuada para la convivencia, aunque también puede ponerlo en serias dificultades en aquellas esferas para las cuales todavía no está suficientemente maduro.

Como a Catorce la conciencia no le molesta demasiado, tampoco se molesta por decir siempre la verdad. De vez en cuando puede evidenciar un concepto bastante elástico de la verdad, preguntando si hay "*alguien* que sea estrictamente veraz". Pero por lo general se resiste a decir una mentira categórica, o simplemente lo opuesto de la verdad exacta. Cuando se trata de cosas importantes, siempre dice la verdad. Y siempre, también, está dispuesto a alzar su voz por algo que considera importante, ya sea para su propio bien o el de un tercero.

Allí donde Trece prefiere evitar una discusión, Catorce encuentra un gran placer en desarrollarla hasta sus últimos extremos, casi como si se tratase de un juego. Ya posee la práctica suficiente para saber de antemano cómo suelen terminar estas discusiones y con quién es más divertido discutir. Por lo general son los padres los que ganan, ya sea por la ventaja de sus años ("Cuando discuto con papá comienzo a perder mi poder de razonamiento") o por su don de poner fin a las disputas ("¡Basta de discutir!"). Las madres, en cambio, parecen constituir una presa adecuada, tanto para los hijos como para las hijas, siendo frecuente que resulten perdedoras. Estas discusiones divierten al niño y aguzan su ingenio. "En general", Catorce atiende razones cuando se trata de asuntos importantes.

El cigarrillo y la bebida comienzan a incorporarse a la experiencia personal de Catorce, pues si él mismo no fuma ni bebe, es probable que sí lo hagan algunos de sus amigos. Su actitud en estas cuestiones es sumamente displicente y ceñida a la realidad. Difícilmente le molesta que beban los adultos mientras lo hagan "con moderación", y además tiene conciencia de lo inminente de su propia experiencia con la bebida. Le preocupa que sus amigos no pierdan la sobriedad cuando beben, pero no los condena por hacerlo. De igual modo, el cigarrillo constituye una experiencia recién iniciada. Muchos niños, tanto varones como mujeres, confiesan haber probado ya uno o dos cigarrillos. Sus amigos lo han hecho y quieren sentirse miembros del grupo, o bien simplemente porque quieren alardear. Por lo general, ni la bebida ni el cigarrillo constituyen un problema para el niño de catorce años, pero ya pueden observarse ciertos indicios de la dirección en que ha de soplar el viento.

Las malas palabras le preocupan menos que en épocas anteriores y tiene menos tendencia a decirlas. A los trece se servía de ellas tanto para liberar sus propias tensiones íntimas como para sentirse parte de la pandilla. Pero actualmente ha superado esas necesidades. Ya no experimenta esas tensiones contenidas y ha descubierto nuevos modos de sentirse parte del grupo. Pero parece dar por sentado que "todo el mundo dice malas palabras", que "todo el mundo las dice salvo quizá los sacerdotes".

La tendencia a engañar y hacer trampas no constituye generalmente un problema de conducta a esta edad. El propio niño reconoce que puede cometer fraude sólo en aquellos terrenos que menos le interesan. Y cuando se detiene a pensar en los que recurren a estos subterfugios suele reconocer en ellos el común denominador de grados inferiores. En caso de que en un colegio se observe una marcada propensión a copiarse, habrá que considerar cuidadosamente los métodos de enseñanza empleados y los profesores. Los hay a quienes los alumnos jamás se atreverían a engañar. La ecuanimidad del profesor es vital para Catorce, y también, si no en mayor grado, la justicia de los alumnos para con el profesor.

El niño de catorce años no se siente impulsado a robar, aunque puede recordar la época en que lo hacía, algunos años antes.

Actualmente piensa en los que siguen haciéndolo, y reconoce, a menudo, que estos niños no son pobres y no necesitan robar. De este modo, con su habitual aceptación de las cosas tal como son, suele dar una explicación de este tipo: "Se me ocurre que, simplemente, no puede evitarlo."

9. Imagen del mundo

Tiempo y espacio

Catorce expresa su modo de pensar global e inclusivo hasta en su concepto del tiempo. En sus pensamientos se expande hasta incluir el mundo entero: "El mundo está regido por el tiempo." Y aún puede expandirse más, hasta incluir el sol, pues el tiempo que indicaban los relojes es computado de acuerdo con "lo que tarda la tierra en dar la vuelta alrededor del sol". Catorce concibe al tiempo en acción: "el medio por el cual vivimos", o bien: "las cosas crecen, las cosas mueren; todo puede suceder". El tiempo es el "transcurso de los minutos, días y años" y "hay algo que está avanzando continuamente en todo el tiempo".

Aun las interpretaciones más espaciales del tiempo pueden hacer hincapié en su duración: "la duración de un período en que tienen lugar distintos acontecimientos", o bien: "el espacio en que ocurren las cosas". Catorce empieza a reconocer la inevitable relación existente entre tiempo y espacio.

A los catorce años la administración del tiempo difiere considerablemente. Están los que disponen de él tan bien que hasta son capaces de llegar temprano a todos sus compromisos. Pero lo más frecuente es que lleguen "a último momento" o directamente tarde, como si vivieran en un estado de permanente precipitación. Si por él fuera, Catorce llegaría tarde y se iría temprano. Su dilema se debe, en parte, a que tiene su tiempo totalmente ocupado con las distintas actividades que realiza y es capaz de contraer dos compromisos simultáneos sin saber luego cómo sincronizar tiempo y espacio. Y lo peor de todo es que mientras hay algunos días en que tiene que andar a las corridas de un lado para otro, sin poder hacer todo lo necesario, hay otros en que parecería "no tener nada que hacer".

Catorce se halla orientado principalmente hacia el futuro más próximo, a la vez que disfruta del presente. Ello no obstante, "también piensa en las cosas importantes del futuro".

Para Catorce, el espacio lo abarca todo. Es "todo lo

que nos rodea", y, no obstante, se halla contenido dentro de cierta "área": "el espacio es un área donde tienen lugar los distintos hechos". Sin embargo, al igual que un año antes, al niño todavía lo intriga la nada del espacio. A veces puede ir aún más lejos, equiparando la nada "o todo" con la "eternidad" o "la muerte".

En lo que a viajes se refiere, Catorce se muestra exuberante, declarando a menudo que "le encanta viajar". Pero al mismo tiempo le gustaría "volver pronto a casa". Su espíritu viajero habrá de desarrollarse con más intensidad al año siguiente, en que será capaz de una actividad más sostenida y abrigará mayores deseos de abandonar su casa. A los catorce, el hogar todavía es bueno y placentero.

Si Catorce va a algún lugar extraño, se adapta mejor mientras logra quedarse afuera. Al igual que a los trece, todavía suele perderse dentro de los grandes edificios. Las niñas, especialmente, tienen un escaso sentido de las relaciones espaciales.

La muerte y Dios

A Catorce le importa más la vida que la muerte. Quiere vivir el máximo posible, quiere "vivir toda una vida". Siente que "todo aquel a quien le espera una vida sana no debe morir antes de llegar a viejo".

Rara vez se preocupa por la muerte. La acepta como "algo que va a suceder". Considera incluso que la muerte es "algo bueno". Puede ser "reconfortante morir" cuando se ha sufrido algún accidente terrible o cuando se es viejo. Frecuentemente, en el caso de los animales, "es preferible la muerte", especialmente cuando han sido heridos. Catorce parece hallarse en condiciones de afrontar la muerte sin temor.

Sus pensamientos de lo que sigue a la muerte pueden abarcar tan sólo la realidad concreta del ataúd y el entierro. Esto, por lo menos, es lo que él conoce. Y lo conoce porque lo ha visto. Pero de lo que pasa después no puede estar seguro. Catorce no es escéptico, pero ignora lo que ha de suceder y lo reconoce francamente. Piensa en la posibilidad de lo que le han enseñado, en el cielo y en el infierno, en la forma en que la vida terrena puede influir sobre la vida extraterrena. Admite la posibilidad de varias alternativas y es capaz de imaginárselas. Pero en última instancia, aunque conceda "que puede ser cierto", se ve forzado a concluir que en realidad él no lo sabe.

Son muy pocos los niños de catorce años que no tienen alguna idea de Dios. No lo conciben como persona ni tampoco como espíritu. Algunos, igual que a los trece años, lo conciben como "una fuerza que nos gobierna" o como una "enorme planta –semejante a las fábricas– productora de pensamientos". Otros lo conciben como "una idea en la mente de los hombres". Y los hay también que se muestran más vagos y generales en sus conceptos. Así, hablan de "algo que existe simplemente", "algo que está allí pero que no puede definirse". Se dan cuenta de lo inadecuado de la mente humana y de que "no puede siquiera aproximarse a una explicación".

Los varones. especialmente, son conscientes de los muchos misterios científicos sin explicación, lo cual los lleva a "comprender que hay algo" más allá de todo esto. Aparte de las razones que pueda tener para creer o no, Catorce siente que es "una gran cosa que la gente disponga de algo en qué tener fe".

Aunque las más de las veces Catorce cree, no considera que su fe influya mayormente sobre su conducta. Ya no reza noche a noche como cuando era más niño. Pero piensa en Dios: "alguien a quien recurrir en pedido de ayuda", o bien: "una válvula de escape, algo bastante personal".

A Catorce suele interesarle concurrir a la iglesia, pudiendo asistir a dos o más servicios los domingos, o yendo quizá a dos iglesias diferentes. Puede continuar asistiendo todavía a la escuela dominical ordinaria o bien puede incorporarse a un grupo juvenil, si hay alguno a mano. Asiste a los servicios religiosos porque le interesa y le gusta escuchar los sermones, aunque también encuentra placer en la sociabilidad que suponen estas ceremonias. A Catorce lo atraen especialmente las actividades vespertinas que realiza el grupo juvenil. En este sentido tanto le interesa el lado social como el religioso. Y se pone en acción, ya se trate de un partido de básquetbol, de un debate o de un baile. Las facilidades y ocasiones difieren considerablemente de una iglesia a otra, pero es ésta una edad, en verdad, en que la iglesia podría hallar una respuesta más vehemente y procurar brindar todas las válvulas de escape necesarias.